U0570599

和谐校园文化建设读本

实用工具书使用10讲

刘奉文/编著

吉林教育出版社

图书在版编目(CIP)数据

实用工具书使用 10 讲 / 刘奉文编著. — 长春：吉林教育出版社，2012.6 (2022.10重印)

(和谐校园文化建设读本)

ISBN 978 - 7 - 5383 - 8738 - 4

Ⅰ. ①实… Ⅱ. ①刘… Ⅲ. ①中文－工具书－使用方法－中小学－教学参考资料②中文－工具书－使用方法－中小学－教学参考资料 Ⅳ. ①G634.303

中国版本图书馆 CIP 数据核字(2012)第 115937 号

实用工具书使用 10 讲
SHIYONG GONGJUSHU SHIYONG 10 JIANG

刘奉文　编著

策划编辑	刘　军　　潘宏竹		
责任编辑	庞　博	**装帧设计**	王洪义
出版	吉林教育出版社(长春市同志街 1991 号　邮编 130021)		
发行	吉林教育出版社		
印刷	北京一鑫印务有限责任公司		
开本	710 毫米×1000 毫米　1/16　　**印张**　12　　**字数**　152千字		
版次	2012 年 6 月第 1 版　　**印次**　2022 年 10 月第 3 次印刷		
书号	ISBN 978 - 7 - 5383 - 8738 - 4		
定价	39.80 元		

编　委　会

主　　编：王世斌

执行主编：王保华

编委会成员：尹英俊　尹曾花　付晓霞
　　　　　　刘　军　刘桂琴　刘　静
　　　　　　张　瑜　庞　博　姜　磊
　　　　　　潘宏竹
　　　　　　（按姓氏笔画排序）

总 序

千秋基业，教育为本；源浚流畅，本固枝荣。

什么是校园文化？所谓"文化"是人类所创造的精神财富的总和，如文学、艺术、教育、科学等。而"校园文化"是人类所创造的一切精神财富在校园中的集中体现。"和谐校园文化建设"，贵在和谐，重在建设。

建设和谐的校园文化，就是要改变僵化死板的教学模式，要引导学生走出教室，走进自然，了解社会，感悟人生，逐步读懂人生、自然、社会这三本大书。

深化教育改革，加快教育发展，构建和谐校园文化，"路漫漫其修远兮"，奋斗正未有穷期。和谐校园文化建设的研究课题重大，意义重要，内涵丰富，是教育工作的一个永恒主题。和谐校园文化建设的实施方向正确，重点突出，是教育思想的根本转变和教育运行机制的全面更新。

我们出版的这套《和谐校园文化建设读本》，既有理论上的阐释，又有实践中的总结；既有学科领域的有益探索，又有教学管理方面的经验提炼；既有声情并茂的童年感悟；又有惟妙惟肖的机智幽默；既有古代哲人的至理名言，又有现代大师的谆谆教诲；既有自然科学各个领域的有趣知识；又有社会科学各个方面的启迪与感悟。笔触所及，涵盖了家庭教育、学校教育和社会教育的各个侧面以及教育教学工作的各个环节，全书立意深邃，观念新异，内容翔实，切合实际。

我们深信：广大中小学师生经过不平凡的奋斗历程，必将沐浴着时代的春风，吸吮着改革的甘露，认真地总结过去，正确地审视现在，科学地规划未来，以崭新的姿态向和谐校园文化建设的更高目标迈进。

让和谐校园文化之花灿然怒放！

本书编委会

目 录

第一讲　工具书及其使用概说

一、什么是工具书

对于什么是工具书,各家、各种说法很多,以下是权威工具书对工具书的定义。

《辞海》(缩印本,1989 年版第 575 页)是这样解释的:

专供读者检索查考有关知识、资料或事实,按一定排检次序加以汇编的书籍。包括字典、词典、百科全书、手册、年鉴、表谱、书目、索引、图录、图谱等。其中以词典为数量最多、用途最广。

《汉语大词典》(汉语大词典出版社 1988 年第 1 版第 2 卷第 954 页):

把某一门类或各种门类的知识资料,按一定的编排方法汇集在一起,专供人们查阅、征引,以解决各种具体问题的一种特定类型的图书。如字典、词典、类书、索引、历史年表、年鉴、百科全书等。

顾名思义,工具书应该是具有"工具"性质和功用的书。其所提供的信息应该是全面、集中、密集型的,即使是专科工具书也应该如此,还应该具有可靠性、权威性,内容简明扼要,一般以词条的形式组成,按照一定的排检方法编排,使用便捷。

我们常用的工具书主要有字典、词(辞)典、书目、索引、图录、类书、百科全书、手册、年鉴、年表、文摘、分类法、主题词表等等。有的门类又可以细化成很多小类,当然,各个门类之间也互有交叉,可以互相参照使用。

工具书的用处:

首先是读书的工具,其次是写作的工具,再次是治学的工具。要善于使用工具书,熟练使用工具书,从而提高学习效率。

使用哪些工具书:

首先要解决的是使用哪些工具书。当今世界,处于所谓信息大爆炸的时代,图书、数据库与日俱增,日新月异,不可胜数,工具书也是"五花八门",层出不穷,不免叫人眼花缭乱。然而并不是所有的工具书都是可以信赖、可以放心去使用的,使用了有问题的工具书,就很容易被误导,而贻害无穷。那么,如何选择工具书呢?尤其是内容相近的工具书?

选择工具书当然要注重质量,内容要充实,知识要准确,编排要科学,最好是名家名作、名社或专业出版社出版的工具书,而且是流传有序,社会反响好,不断吸纳新知识和新成果,不断进行修改、补充,有生命力的工具书。所以,有修订本的要看修订本。

还要选择那些具有各种辅助工具即检索方法(最主要是配备各种索引)的工具书,使用起来便捷,可以节省时间和精力,提高效率。

二、如何使用工具书

第一,多读书,提高文史知识修养。

增进对国学和传统文化知识的了解,包括要掌握文献学、文字学、音韵学、目录学、版本学、分类学知识、学术史、学科分布与发展等,还要多读关于工具书的书。如阴法鲁等著的《中国古代文化史》,北京大学 2008 年版,插图本。有关中国文化和传统国学的著述如张岱年主编的《中国文史百科》,1998 年浙江人民出版社出版,上下两册,插图本。《中国文化史辞典》,上海师范大学古籍整理研究所编,浙江古籍出版社 1987 年出版。徐毅、孟凡等主编的《中国传统文化辞典》,吉林大学出版社 1996 年出版。武树臣主编的《中国传统文化辞典》,北京大学出版社 1999 年出版。李学勤主编的《中华文明大辞典》,广东旅游出版社 1998 年出版。钱玉森、黄丽丽编著的《中华文明大辞典》,上海大学出版社 2009 年出版。谢谦编著的《国学词典》,中国人民大学出版社 2011 年出版,等等。古文献学离不开古籍,离开了古籍就谈不上古文献学,所以,古籍知识是古文献学的基础。有关文献学的著作有余嘉锡的《余嘉锡说文献学》,上海古籍出版社 2001 年版;吴枫的《中国古典文献学》,齐鲁书社 2005 年版;王欣夫的《文献学讲义》,上海古籍出版社 2005 年版;黄永年的《古文献学四讲》,鹭江出版社 2003 版;孙钦善的《中国古文献学》,北京大学出版社,2006 年版;孙钦善的《中国古文献学史简编》，北京大学出版社 2008 年版；杜泽逊的《文献学概要》，中华书局 2008 年版；张三夕的《中国古典文献学》，华中师范大学出版社 2007年版；董洪利的《古典文献学基础》，北京大学出版社 2008 年版；项楚、张子开的《古典文献学》，重庆大学出版社 2010 年版；陈广忠等编著的《古典文献学》，黄山书社 2006 年版；牟玉婷的《中国古典文献学》，社会科学文献出版社 2005 年版；等等。应该指出的是，所谓古典文献学和历史文献学，其实很多时候是为了区别于历史文献学，才把侧重于文学文献研究的文献学称为古典文献学，这是不合理的，而且文献学也并非只有历史和文学两个领域。所以，所谓的古典文献学还不如径称文学文献学更为达意，以减少重复和模糊，兼而有之的就名为"文献学"或"古文献学"，概念更趋于科学。还有高振铎主编，刘乾先、符孝佐副主编的《古籍知识手册》，是较早编辑出版的配合古籍研究与整理，全面介绍古籍知识的工具书。分为"古籍知识""古代汉语知识""文化知识"三部分。"古籍知识"主要有"古籍概说""书籍的历史与书籍制度""古籍版本""古籍目录""古籍校勘""古籍辨伪""古籍辑佚""古籍标点""古籍新注""古书的文体""常用工具书"等 11 个专题。"古代汉语知识"主要有"文字""词汇""音韵""语法""修辞""训诂"等 6 个专题，"文化知识"主要有"天文历法""地理、政区、都城""家庭、宗法制度""姓氏、名号""称谓""礼俗""冠服制度""学校、选举与科举""谥号与谥法""避讳知识""度量衡知识"等 11 个专题，三部分共计 28 个专题。为阅读古籍，了解古文献知识、古代文化知识，进行古籍整理的必备工具书，山东教育出版社 1988 年出版。

第二，多利用关于工具书的工具书。

已经出版的有涂宗涛的《常用文史工具书简目》，陕西人民出版社 1975 年出版。吴小如的《中国文史工具资料书举要》，中华书局 1982 年出版，之后不止一次再版。朱天俊、陈宏天的《文史工具书手册》，中国青年出版社 1982 年出版。朱一玄的《文史工具书手册》，辽宁教育出版社 1989 年出版。赵国璋、王长恭、江庆柏的《文史工具书概论》，江苏教育出版社 2006年出版。朱天俊、陈宏天的《文科工具书简介》，吉林人民出版社 1985 年版,是为高等院校文科学生编著的参考书。书中介绍了600余种工具书,包括字典、词(辞)典、年鉴、手册、类书、政书、书目、索引、历表、年表、历史地图、历史图谱等类,每种工具书都有内容介绍并举例说明功用和使用方法,后附索引多种。《中国读书大词典》,王余光、徐雁主编,南京大学出版社1993年版。这是一部指导读书的好书,内容全面、丰富、实用。分为名人读书录(上、下)、读书知识录(上、下)、读书环境录、读书博闻录、读书门径录、读书品评录、读书解疑录、中国古典名著导读、中国近现代名著导读、汉译世界名著导读等十部分。作者是北京大学图书馆学系的高材生。《中国古今工具书大辞典》,盛广智、许华英、刘孝严主编,吉林人民出版社1990年出版。这是一部专门介绍中国古今工具书的综合性的工具书。收录截止到1990年出版的工具书2万多种,分上、下两编。上、下编均按《中国图书馆图书分类法》分类排列,每一类条目又按首字汉语拼音顺序排列,正文前有全书的类目索引、分类辞目表,后有辞目分类笔画索引。收录比较广泛,可谓大而全。祝鸿禧等的《文史工具书词典》,浙江古籍出版社1990年版,收录国内出版的历代文史工具书凡3,000余种。含字典、词(辞)典、韵书、书目、索引、类书、政书、年鉴、手册、年表、历表、图录、百科全书等。年谱、方志、资料汇编、传记、丛书、总集等也择要选录。杨敏的《文史工具书应用基础》,上海古籍出版社2004年版。朱天骏、立国新的《中文工具书》,书目文献出版社1987年版,介绍了数百种工具书。杨牧之主编的《中国工具书大辞典》,黑龙江人民出版社1993年版。潘寅生等《中华社会科学工具书辞典》,甘肃人民出版社1993年版,共收录4,151条。《中国历史工具书指南》,林铁森主编,北京出版社1992年版,是工具书的工具书,又是介绍史学工具书的专科工具书。收录工具书2,500多种,在当时是收录最多的。体裁包括我国及国外学者用中文、日文、西文和俄文编写的各种工具书,如类书、百科全书、词典、年鉴、手册、文摘、书目论文索引、年表、历表、图录等。内容包括通史、断代史、政治、经济、文化、科技、民族、军事、考古等专门史工具书。每种工具书介绍书名、作者、出版单位、出版时间、内容简介。古代史、近代史、现代史基本按照历史发展顺序排列,先综合后具体。地方史和民族史按照《中国图书馆图书分类法》排列。后附全书中文书名索引、日文书名索引、俄文书名索引,等等。

第三,了解工具书的体例。

1. 工具书的体例

工具书的体例主要是工具书的内容结构、编排方法等等,一部工具书一般包括序、前言、凡例、正文、附录、跋或后记、索引等。

2. 工具书的编排方法

工具书的编排方法,一般是指工具书正文的编排方法,就是按一定的顺序,编排工具书的内容。

工具书的编排方法,随着科学的发展、实际的需求,也在不断发展变化中,但万变不离其宗,一定要以简便、实用为宗旨。工具书编纂史上,陆续出现了许多不同的编排方法,也有一些方法被淘汰,同时产生了一些新的编排方法。不同的工具书的编排方法也有差异,大体上有以下几种:分类编排法;主题编排法;时序编排法;地序编排法;偏旁部首编排法;笔画、笔顺(笔形)编排法;音序编排法;四角号码编排法;天干地支编排法;千字文编排法等。

内容量大的分级使用两种以上排列法,如先按部首为序排列,再按笔画为序,或者先按笔画为序,笔画相同的再按笔顺为序。或者以一种排列法为主,再以其他排列法作为辅助,如书后附索引等。

3. 工具书的检索方法

检索方法与编排方法息息相关,有的工具书编排方法就是检索方法,如按四角号码法编排的字典、词典,可以直接按照词目的四角号码先后顺序检索正文,如按笔画、笔顺编排的工具书,也可以直接对正文进行检索等。一般的工具书主要是通过书前的词目分类表、检字表和书后的索引等进行检索。索引的种类根据不同工具书的检索需要来编制,不同的工具书配备不同的索引,一般作为附录置于全书的最后。按照索引的内容划分主要有:①书名索引;②人名索引;③地名索引;④篇目索引;⑤字词索引;⑥词目外文索引等。

按照索引的编排方法则有：词目分类表、笔画检字表、笔画索引、汉语拼音索引、四角号码索引、部首索引、部首检字等。

以上几种检索方法被某工具书运用时，都有使用说明，如部首索引有部首检字表，笔画索引有笔画排检法和笔顺排检法使用说明，汉语拼音索引有汉语拼音方案，四角号码索引有四角号码检字法或查字法等等，兹不赘。

4. 工具书的附录

除了各种索引，还有各种表格，如年表、行政区划表、元素周期表、世界货币一览表、计量单位表、天文数据表等。之外还有参考文献、引用书目等。

5. 工具书使用的具体步骤

一要先阅读其正文前的说明、凡例、目录等，了解其结构和编排方法，这样做使我们能够比较快捷地查到所需的内容。

二要熟练掌握各种相关的知识和检索工具，如上所述的分类法、主题法、年代历史知识、地理知识、文化史知识、偏旁部首、笔顺（笔形）、笔画、音序、四角号码、天干地支、千字文排检法等。

三要使用书后附录的各种索引等检索工具，也是提高使用效率的必要方法。

四是工具书有它的局限性，为我们提供的只是可参考信息，或是资料线索，我们在使用时一定要慎重，不可盲从。

第二讲　字典之祖

——从《说文解字》说起

　　字典是查字的工具书。字典的内容除了字形、注音，还解释字义。字典与古代字书接近，属于经部小学类。《汉书·艺文志》六艺略小学类著录《史籀》十五篇，《苍颉》一篇，《急就》一篇，就是古代的字书，可视为早期的字典。《四库全书总目》经部小学类有训诂、字书、韵书，训诂著录《尔雅注疏》《方言》《释名》《广雅》《埤雅》《骈雅》《字诂》《别雅》等十二部，重在讲解字义，解释名物。字书著录《急就章》《说文解字》《重修玉篇》《干禄字书》《汗简》《类篇》《汉隶字源》《龙龛手鉴》《六书统》《康熙字典》《隶辨》等三十六部，重在字形、字音、字义。韵书著录《广韵》《集韵》《礼部韵略》《洪武正韵》等三十三部，重在分辨字音、字义。刘叶秋在《中国字典史略》中称之为"古代字书的别体"。字典就是在训诂书、字书、韵书基础上发展而来的。关于字典的著述，刘叶秋著有《中国的字典》，商务印书馆 1960 年出版；《中国古代的字典》，1963 年中华书局出版；《常用字书十讲》，商务印书馆 1964 年出版；《中国字典史略》，中华书局 2003 年出版。张明华著有《中国字典词典史话》，商务印书馆 1998 年出版。都可以帮助我们了解字典知识。词是由字组成的，词典往往先列字后列词，先识字后解词，所以，查字除了利用字典，也可以利用词典。本讲介绍部分字书和字典，词典见第三讲。

一、《说文解字》三十卷——字典之祖

　　东汉许慎撰。原为十五篇，其中含序目一篇。收小篆 9,353 个，古

文、籀文 1,163 个，共收 10,516 字。根据汉字形体创立了 540 个部首，将 9,353 个字归入 540 部，又把 540 部划分为 14 大类，每类为一篇，共 14 篇，加上序目一篇，共 15 篇。

《说文解字》系统地阐述了汉字的造字规律"六书"：象形、指事、会意、形声、转注、假借。《说文解字》开创了部首检字的先河，是我国第一部按部首编排的字典，后世的字典大多采用这个方式，因此被称为"字典之祖"，对后世影响深远。

《说文解字》传本有"大徐本"和"小徐本"之别。大徐为徐铉，小徐为徐锴，徐氏兄弟都是五代南唐至宋代初年的学者，同治《说文解字》之学。徐铉奉宋太宗之命校定《说文解字》，把《说文解字》每篇各分为上、下两卷，共三十卷，世称大徐本。大徐本是《说文解字》最为通行的版本。锴撰《说文解字系传》，被称为小徐本，是《说文解字》的最早注本，虽然成书于南唐，早于大徐本，但流传不广。所以，在一般情况下，《说文解字》即指大徐本。

《说文解字》每个被解释的字使用小篆写法，如有古文或籀文写法，也在下面列出，而释文则用隶书写法，后改为楷书。释文体例为每个字先分析字形，用"六书"解释汉字构造，然后注音，再解释字义。所以，《说文解字》还是了解汉字籀篆字形的工具书。

历代研究《说文解字》的学者和著作非常多，研究《说文解字》已经成为一门专门的学术——"说文学"，清代达到鼎盛。段玉裁的《说文解字注》、朱骏声的《说文通训定声》、桂馥的《说文解字义证》、王筠的《说文释例》被称为"说文四大家"。大徐本以清代陈昌治刻本最为流行，已由中华书局影印出版，有检字，比较方便使用；近年又有简体字本，便于初学者使用。"说文四大家"的著作也都有了影印本。

二、《玉篇》三十卷——现存第一部楷书字典

南朝梁顾野王撰。又称《大广益会玉篇》，是继《说文解字》之后的又一部按字形分部编排的重要字书,被称为中国现存的第一部以楷书为主体、用楷书编写的字典,所以也有人说它是第一部楷书字典。体例与《说文解字》大体相同,而有所发展。收字16,917个,分542部。每字先注反切音,次引《说文解字》,再次征引群书举例并释义。有唐代抄本,流入日本,黎庶昌影印入《古逸丛书》,罗振玉影印入《玉简斋丛书》;《四部丛刊》影印元刻本、《丛书集成初编》本;中华书局1985年影印《古逸丛书》、《玉简斋丛书》本,题名为《原本玉篇残卷》;中国书店1983年影印宋本,题名为《大广益会玉篇》,比较流行。

三、《经典释文》三十卷等——一组解经的字书

唐陆德明撰。是解释儒家经典文字音义的字典,是阅读儒家经典的工具。首卷为《叙录》,综述经学授受源流。以下为正文,包括《周易》一卷,《古文尚书》二卷,《毛诗》三卷,《周礼》二卷,《仪礼》一卷,《礼记》四卷,《春秋左氏传》六卷,《公羊传》一卷,《谷梁传》一卷,《孝经》一卷,《论语》一卷,《老子》一卷,《庄子》三卷,《尔雅》二卷。分别摘录其中的经文和注文中的文字,进行注音,包括反切音和直音。采集、引用了汉、魏、六朝二百三十余家训诂、音切著述,一一注明出处。正文也注明书名和章节,层次分明,为后世典范。所引经文与注文、诸家训诂著述后世多已失传,可以进行辑佚和校勘。有唐写本残卷,宋刻宋元递修本,1985年上海古籍出版社据以影印,清康熙《通志堂经解》本,清乾隆《四库全书》本及其影印本,卢文弨校《抱经堂丛书》本,1980年上海古籍出版社据以影印。2006年,中华书局排印出版了黄焯的《经典释文汇校》,是最具权威的版本。

《经籍籑诂》一百六卷,清阮元撰集,清嘉庆三年(1798)刊。学术界认为《经籍籑诂》是一部专门收集古书注解的工具书,唐代以前古书训诂资料汇编、古汉语字义字典。收集单字13,349个,引用唐代以前经史、诸子、楚辞、文选及字书、韵书的注解来注释字义,采集资料共100多家。按《佩文韵府》次序,以平水韵分部,一韵一部。注释中含双音词,因此具有

字典与词典的双重功用。又有《补遗》一百六卷。有中华书局 1982 年影印本，增加了笔画索引，比较通行。

《一切经音义》。《经典释文》是解释儒家经典文字音义的字典，是读儒家经典的工具。《一切经音义》等于是解释佛经文字音义的字典，是解读佛经的工具。有两种。一种二十五卷或二十六卷，又名《大唐众经音义》，习称《玄应音义》。是现存最早的解读佛经的工具书。唐释玄应撰。体例也与《经典释文》相似。从四百五十四部佛经中录出梵文汉译和生僻字词进行注释，先注音，后释义，兼有字典、词典之功用。引用古代字书和传记一百几十种，保存了大量古籍佚文和异文。除了用来解读佛经，也可以进行辑佚与校勘。有清代单刻本，民国二十四年（1935 影印宋《碛沙藏本》。另一种是一百卷，又名《大藏音义》，习称《慧琳音义》，是解读佛经音义的集大成之作。唐释慧琳撰。体例本于玄应《一切经音义》。从汉、唐一千三百部五千七百余卷佛经中选择难读与难解的字词进行注释，引用韵书以注音，引用字书以释义，所引经、史、韵书、字书等二百四十多种。是解读佛经、进行古籍辑佚和校勘的工具与宝典。辽释希麟撰《续一切经音义》十卷，为补慧琳《一切经音义》之书。徐时仪将两部《一切经音义》和《续一切经音义》合在一起，以《高丽藏》本为底本，以敦煌写经及其他各种善本进行校注，名为《一切经音义三种校本合刊》，由上海古籍出版社 2008 年出版。又请人编《一切经音义三种校本合刊索引》，2010 年仍由上海古籍出版社出版，包括字词的笔画索引和四角号码索引，可与《一切经音义三种校本合刊》配套使用。

《干禄字书》一卷，唐颜元孙撰。以辨证、刊正字体为主旨。先按四声、再韵编排，分二百零六韵。每字列俗、正、通三体，并进行考辨。有助于规范汉字和正确书写汉字。有《四库全书》本及其影印本。

《汗简》三卷，《目录叙略》一卷，宋郭忠恕撰。古文字典，古文是在金文之后、小篆之前的一种字体，也称籀文、大篆，以石鼓文为代表。《说文解字》保存了二百二十多个籀文。本书收录七十一家古书中的古文，依照《说文解字》分部排列。每字之后先列楷书，再注反切音和出处。《汗简》是汉字字体字典，发展成后世的真、草、隶、篆、甲骨文、金文等字典。有《四库全书》本及影印《四库全书》本，光绪十六年（1890）广雅书局刻本，1983年中华书局影印本等。

《类篇》四十五卷，宋司马光等撰。分十四篇，《目录》一篇，一篇即一卷，每篇又分上、中、下，所以也著录为四十五卷。《类篇》上承《说文解字》和《玉篇》，是按部首编排的字书。依照《说文解字》分五百四十四部，每部按韵编排，注重探讨字原、古音、古训以及古今字形的演变。此书凡文 31,319，重音 21,846，共 53,165 字，较《集韵》少 360 字。中华书局 1984 年版，上海古籍出版社影印汲古阁影宋抄本，1988 年版。

《汉隶字源》六卷，宋娄机撰。隶书字典。取汉碑 309 种，魏、晋碑 31 种中的隶字，按《礼部韵略》四声二百零六韵排列。每字先楷书，然后罗列各种碑中的隶字，一一注明出处。书前有考碑、分韵、辨字和碑目一卷，著录各碑的时间、地点、书写人姓名。有《四库全书》本及其影印本，多种清刻本。

《龙龛手鉴》四卷，辽释行均撰。原名《龙龛手镜》，宋代为避宋帝先祖名讳而易名。被称为第一部音序检字法字书，收录 26,430 多字，注 163,170 多字，总计 189,610 多字，分为正字、俗体、异体、误体、通体、或体等。按平、上、去、入四声排列部首，同一部首的字再依四声为序排列。字头注反切音，并释义。有《四库全书》本及其影印本，中华书局 1985 年影印本。

《字汇》十四卷，明梅膺祚撰。明末到清初最为通行的字典。按楷书笔画分部，把《说文解字》五百四十部简化为二百一十四部，按地支分成十二集。部首和字按笔画顺序排列。共收 33,179 个字，除常用字外，还收了大批古今俗字，历代字典不收或漏收的字。因此，一些在《康熙字典》《中华大字典》中难以检索到的汉字在《字汇》中多能检索到，字头用楷体，其下先注反切，再标直音。引用《说文解字》《方言》《释名》等解释字的本义。附录有检字、笔顺、辨似、韵法等。其偏旁按笔画分部检字法的编排体例,成为中国字典、词典主要编排方式之一,被称为按笔画编字书的始祖,一直为后世所因循。《字汇》对后世字典、词典的编纂影响很大,《康熙字典》《辞源》《辞海》《中华大字典》等基本上都沿用其体例。还出现了《字汇补》《同文字汇》《玉堂字汇》《彩云字汇》《文成字汇》等续编、补编、改编之作。《康熙字典》出现之后,《字汇》才不再流行。有明刻本、清刻本,上海辞书出版社 1991 年影印清康熙刻本,与《字汇补》合为一册。

《正字通》十二卷,明末张自烈撰。清初流行的字典。体例与《字汇》相同,收 33,549 个字,其中有方言俗语,为《康熙字典》所不收。此书与《字汇》同为清代编《康熙字典》的蓝本。《正字通》在清代较为流行,版本也很多,有 1996 年工人出版社影印本。

《六书通》十卷,明末闵齐伋撰。又名《订正六书通》《篆字汇》。按《洪武正韵》分部编排,以楷书标目,下列《说文解字》小篆并释义,然后依次列举古文、籀文、金文,兼采印谱文字,注明出处。有 1981 年上海古籍书店影印本。

《隶辨》八卷,清顾霭吉撰。中华书局 2003 年出版,《古代字书辑刊》之一。北京中国书店 1982 年、江苏广陵古籍刻印社 1998 年据康熙玉渊堂刻本影印,改名为《隶书大字典》。前五卷以娄机《汉隶字源》为蓝本,钩摹汉代隶书碑文,按《礼部韵略》分韵编排,每字下注碑名,并引碑语。第六卷《偏旁》,为篆、隶两体《说文解字》五百四十偏旁部首,第七、八两卷《碑考》,说明碑之存亡及所在地点,以碑碣的年代先后为序。作者认为《汉隶字源》错误不少,因此参考《隶释》、《隶续》等进行考辨。宋代洪适著有《隶释》二十七卷,清人翟云升著有《隶篇》十五卷,与《隶辨》体例大体相同,都是考碑辨字的著述,被一些书目列入金石或书法类。北京出版社 1997 年出版《隶篇》,改名为《隶书大字典》。关于汉字字形、字体的字典很多,有文字学字典,有书法字典,其功用或兼而有之,兹从略。

四、《康熙字典》十二集、三十六卷——古代收字最多的字典

清人张玉书等编著,是清朝康熙皇帝下令官修的字书,康熙五十五

年(1716)成书，康熙皇帝亲自作序，命名为《字典》，后来称为《康熙字典》。也是第一部用"字典"为名的字书。《康熙字典》按十二地支分为自子至亥12集，214个部首编排，同一部首再按笔画多少编排。《康熙字典》是清代及其以前收录汉字最多的一部大字典，也可以说是我国古代第一部收字最多、规模最大的官修大型汉语字典。一般认为共收汉字47,035个。对每个字都引用古书加了反切法注音，并解释字义。《康熙字典》的版本很多，最初的版本为康熙年间武英殿刻本，后来的翻刻本很多。旧版或旧版的影印本可以根据书口显示的某集、某部首、多少笔画进行查找。早期版本是没有篆书字形的，后来才有了带小篆字形的版本，把小篆字形标在书眉，这样还可以通过《康熙字典》学习篆书。当然，并不是所有收入《康熙字典》的汉字都有小篆字形。1958年中华书局以同文书局本为底本缩印为1册，开本虽小，但字迹清晰，前有部首检字、笔画检字，后有补遗、备考、考证。又有上海书店1985年的缩印本，也是1册，便于携带和使用，最大的优点是后附四角号码检字表，标明某字在字典中的页码。缺点是字小。现代版有北京师范大学出版社1997年简体横排本，中华书局2006年版，中州古籍出版社2006年版，社会科学文献出版社2008修订版。上海辞书出版社标点整理本，2007年出版。以道光王引之定本《康熙字典》为底本，参校别本，重新标点横排出版。书末新编四角号码索引，以便于检索。

五、《中华大字典》——一部超越了《康熙字典》的大字典

陆费逵、欧阳溥存等编。编者有感于《康熙字典》成书既早，年久失修，存在一些不足甚至错误，需要加以纠正和补充新的内容，于是发起编纂《中华大字典》欲取而代之。自清宣统元年(1909)开始编纂，民国三年(1914)编成，民国四年(1915)由中华书局出版。虽然比《康熙字典》晚了近200年，但收48,000多字，比《康熙字典》多出1,000多字。增加了包括方言字和翻译的新字、新名词以及科技术语、插图等新内容，纠正了《康熙字典》中的4,000多条错误。《中华大字典》分214部，与《康熙字典》相同，笔画相同的部首在排列次序上略有变化。每字的注音采用《集韵》反

切法,并加直音,又加注《佩文韵府》106韵的韵目,以便参照。体例是每个字先注音,以《集韵》为准。注音只注一个反切,另加一个直音,标明一个韵部。注音之后解释字义,按本义、引申义、假借义顺序排列,每一义项各引一则文献为例证。书前附《切韵指掌图》,以明反切声韵类别,书末附笔画检字,以便检索。《中华大字典》是继《康熙字典》200年之后又一部收字最多的字典,在注音、释义、例证等方面更加简明、合理,更有条理性。但也有人指出其缺点在于释义过求详尽,有时不免重复,引证偶失出处。因为是分部排列,显得陈旧,缺四角号码检字,很不方便检索。民国四年(1915)中华书局出版,民国二十四年(1935)重印,1978年再次重印。

现代人编的字典很多,最简单、最常用、最流行的莫过于魏建功主编、商务印书馆出版的《新华字典》,第11版收单字13,000多个,词语3,300多个。较第10版新增正体字800多个,以姓氏、人名、地名用字和科技术语用字为主,增收繁体字1,500多个,异体字500多个。《新华字典》在不断修订之中,每一版都增加新的内容,此为其生命力所在。加上信息量大,内容科学,检索方便,成为大众最常用的字典。但由于收字有限,不能满足阅读古书和治学之用,所以,还要借助于《康熙字典》《中华大字典》《现代汉语字典》等字典,以及《辞海》《辞源》等辞书。《汉语大字典》由徐中舒主编,四川出版集团、湖北长江出版集团、四川辞书出版社、崇文书局2012年出版第二版,共收楷书单字60,370个,总字数超过1,500万,是《康熙字典》的四倍。后有笔画检字表和音序检字表。有八卷本、简编本、缩印本、袖珍本、普及本等可供选择。1994年中华书局、中国友谊出版公司出版了《中华字海》,收楷书单字85,568个,含注音、释义、举例等项。除了收录现存的工具书如《说文解字》《玉篇》《广韵》《集韵》《康熙字典》《中华大字典》等书中的全部汉字,还收录敦煌俗字、宋元明清俗字、方言字,以及在日本、韩国、新加坡等国通行的汉字。

六、《助字辨略》——虚字字典的先声

《助字辨略》五卷,清刘淇著。成书于清初,刊行于清康熙初年,是成书较早的专门汇集、解释文言虚词的著作,被誉为"虚字字典的先河"。

助字即虚字,即助词、虚词。作者把助字分为三十类:重言、省文、助语、断词、疑词、咏叹词、急词、缓词、发语词、语已词、设词、别异之词、继事之词、或然之词、原起之词、终竟之词、顿挫之词、承上、转下、语辞、通用、专辞、仅词、叹词、几辞、极辞、总括之词、方言、倒文、实字虚用。收字 476 个,复音词 1,140 条,字词的来源为先秦到元代的经传、诸子、史书、诗词、小说。按平、上、去、入四声分部编次。字词的解释分正训、反训、通训、借训、互训、转训六种。对于阅读古书,正确理解字义、词义、文义大有帮助。有章锡琛校注本,中华书局 2004 年出版。《助字辨略》之后关于古书虚词的著作当属清人王引之的《经传释词》。《经传释词》十卷,清王引之撰。训诂著作,与《经典释文》宗旨相当,也可视为文言虚词字典。专门解释儒家经典及其注疏中的虚字,即单音虚词。汇集 160 个虚字,每字先说明用法,次举例。有清嘉庆二十四年(1819)刻本,中华书局 1956 年影印本等版本。另有《经传释词补》《经传释词再补》等续书。解释文言虚词的著作尚有近人杨树达《词诠》,影响较大。《词诠》初版于民国十七年(1928),中华书局 1965 年重印。广泛收录古书中常见的介词、连词、助词、叹词和部分代词、内动词、副词 469 个,按注音字母顺序编排,先注音,次词性,次释义,次用法,次举例。中华书局本有部首检字,便于检索。

七、《李氏中文大字典》——"垂扇检字法"的发明与应用

字典多不胜数,《李氏中文大字典》必须要知道,因为这是字典史上第一部以形声部首为主的字典,也是率先使用垂扇检字法的字典。《李氏中文大字典》,原名《李氏中文字典》,李卓敏编纂,香港中文大学出版社 1980 年出版。李氏为香港中文大学首任校长,曾发明垂扇检字法,并将之应用于其编纂的《李氏中文大字典》中。所谓"垂扇检字法",就是将许多笔划相同的字按点、撇、竖、捺、横的次序排列,便利于检字。本字典分 1,171 部,收录 12,800 多个单字。又有学林出版社 1981 年影印本等版本。

八、《历代避讳字汇典》——"残缺不全"也有用

避讳字是封建制度的产物,避讳的方法是改字、省略、空缺、代替、缺笔等等,使得某些字变得"残缺不全",或是不可理喻,但对于鉴别古籍成

书和版本年代有用。

《历代避讳字汇典》，王彦坤编著，中州古籍出版社 1997 年出版。是一部"特殊"的字典，是阅读古书、进行版本鉴定等工作时必备的参考书，较之以前关于古书避讳字的工具书内容更为充实、全面。有前言、凡例、讳字目录，然后是正文，附录有秦以来历代帝王庙谥名字墓号年号表、征引书目表，四角号码综合索引。本书把避讳分为广义和狭义两种情况，广义的避讳包括敬讳、忌讳和憎讳，就是回避凶恶、不吉利、憎恶的字眼、称呼等等。狭义的避讳专指敬讳，就是回避帝王、上司、祖宗、父亲、老师等的名字，除了避相同的字，还避相近字，甚至还避同音字，有的朝代非常严格。正文按照广义的避讳，立词条 987 条，参考史书等材料，广征博引，避讳范围包括家讳、庙讳、名讳，避讳方法包括缺字、改字等，并引古书记载举例说明。尤其是帝王名讳、祖宗名讳，对于阅读古书，断定古籍版本年代是必备的参考书。

第三讲 韵书

——字书的别体

在《四库全书总目》中，韵书与训诂、字书并列入经部小学类，韵书居训诂、字书之后。韵书之属著录《广韵》《集韵》《切韵指掌图》《韵补》《礼部韵略》《五音集韵》《古今韵会举要》《洪武正韵》《唐韵》等三十三部，存目六十一部。

刘叶秋在《中国字典史略》中把韵书分为三种，第一种是研究古韵的著作，利用经、子、楚辞等古书辞赋来考证周秦韵文用韵情况者，如宋吴棫的《韵补》，明陈第的《毛诗古音考》等。第二种是研究今韵的著作，考证六朝、唐宋以来音韵，主要是《切韵》系统的著作，如《广韵》《集韵》等。第三种是研究等韵学的著作，如传为宋司马光的《切韵指掌图》、郑樵的《七音略》等。只有第二种《广韵》等是按韵编次的字典，刘叶秋称之为"古代字书的别体"，也有人说古代韵书是按照声、韵、调的关系将汉字组织起来的字典。

有人按韵书的编排方法把韵书分为三类：第一类是先按照汉字声调分类，根据平、上、去、入四声把汉字分为四类，每一类即每一声调下再分韵部，每一韵部内按同声字分类编排。《切韵》《广韵》《集韵》即属此类。第二类先按韵母分韵部，每一韵部内再按声调分，每一声调内按同声字分类编排，如《中原音韵》。第三类先分韵部，每一韵部内再按声母分类，同一声母内再按声调排列，如明代兰茂的《韵略易通》。简言之，就是①调→韵→声②韵→调→声③韵→声→调。

韵书是工具。写诗作词必须要合乎韵书的要求合辙押韵；韵书为分辨、规范文字的正确读音而作,具有字典功能;字典常常引用韵书为字注音;字书、类书等工具书有时按韵部编排,如字书《类篇》,先依《说文解字》分五百四十四部,每部按韵编排,如《汉隶字源》,按《礼部韵略》四声二百零六韵排列,著名的类书《永乐大典》就是按《洪武正韵》编排的,《佩文韵府》《经籍籑诂》等也是按韵编排的。

所以,介绍工具书不能不涉及韵书,除了《广韵》系列之外,还应该了解《洪武正韵》等规范用韵的韵书,了解其音韵体系和韵部情况,有助于阅读和使用按韵编次的古代工具书。

欲了解韵书,应先知道音韵学。王力著有《汉语音韵学》,中华书局1956年出版,一再重印;曾运乾著有《音韵学讲义》,中华书局1996年出版,都是重要而常见的音韵学著作。清人莫友芝的《韵学源流》经过罗常培整理校点,于1962年由中华书局出版。赵诚著有《中国古代韵书》,1980年中华书局出版,分八章介绍中国古代韵书的产生和发展历程,并对历史上的重要韵书进行了重点介绍,为了解韵书的入门书。阳海清、褚佩瑜、兰秀英编有《文字音韵训诂知见书目》,湖北人民出版社2002年出版,音韵类分总类、《广韵》、其他韵书、古今音说、等韵注音,著录项目含书名、种数或卷数、作者、版本等,凡是1911年以前出版的音韵学著述皆予收录,1911年以后者择要收录,是著录韵书最全的书目,皆可参考。

一、《切韵》——现存内容可考的最早韵书

在《切韵》之前有《声类》,魏李登撰。是中国最早的韵书,也是内容可考的最早按韵编排的字典,已佚。收字11,520个,比《说文解字》多2167个,“以五声命字,不立诸部”。即按五个声调编排,不立部首。晋人吕静仿《声类》作《韵集》五卷,宫、商、角、徵、羽各一卷,按五音排列,不分韵部,可见是受了《声类》的影响。《切韵》五卷,隋陆法言撰,到唐代成为“官韵”,科举考试的标准韵书,也是现在可考的第一部韵书。收11,500字,分193韵,其中平声54韵,上声51韵,去声56韵,入声32韵。原本已经失传,基本内容保存在唐孙愐《唐韵》和宋陈彭年《广韵》之中,又有敦煌出土的唐代写本。通过以上各本,可以大致了解《切韵》的基本内容和语音系统,被学术界称为"切韵音"。《唐韵》为增修订正《切韵》而成,五卷,195韵,也已失传。对《切韵》进行增订的除了孙愐,还有王仁昫的《刊谬补缺切韵》,可惜原本都已失传。《刊谬补缺切韵》有残卷三种,尚可见其梗概。其内容和语音体系为《广韵》所继承。李荣著有《切韵音系》,科学出版社1956年出版,是研究《切韵》的重要成果。

二、《广韵》五卷——现存最早的韵书

全称《大宋重修广韵》,北宋陈彭年等奉旨纂修。是北宋官修韵书,宋以前韵书之集大成者,最完整的中古音韵书,位置承上启下,也是完整保存至今的古代最重要的一部按韵编排的字典。《广韵》是在《切韵》等前代韵书的基础上增订而成的,增加了注释,继承了《切韵》音韵系统,较之《切韵》增加13个韵部,达到206个,收字26,194个,注文收191,692字。先按字头(韵目)声调平(上平声、下平声)、上、去、入分为五卷,卷内再按韵部分类编排,其中平声5部,上声55部,去声60部,入声34部,每部按同声字排列。首字先释义,再注反切音。注释多引用古籍为之,后世多失传。传本有繁简二注本。繁注本有宋刊巾箱本,《四部丛刊》据以影印,又有《古逸丛书》覆刊宋本,清康熙间张氏泽存堂刊本,北京中国书店1982年据以影印。简注本为元泰定间删节本,有《古逸丛书》覆刊元本。通行本有周祖谟《广韵校本》(附《校勘记》),商务印书馆1951年出版,中华书局1960年重印。上海图书馆藏有宋乾道黄三八郎书铺刻《钜宋广韵》,上海古籍出版社1983年据以影印。

三、《集韵》十卷——《广韵》余绪

宋丁度等奉敕纂修。是在《广韵》基础上重修而成。继承了《广韵》的音韵系统、编排体例。平声四卷,上、去、入声各二卷。收字53,525个,兼收异体字,注释较《广韵》简略。先注音,后释义,反切多采自《经典释文》,释义多根据《说文解字》。其单字以反切注音,多为《中华大字典》所采用。清人方成珪著有《集韵考正》,可供参考。《集韵》有清康熙刻本,

又有商务印书馆《万有文库》本,与《集韵考正》一并影印。北京中国书店1983年影印扬州使院刻本,上海古籍出版社影印清述古堂刻本。

四、《礼部韵略》五卷——《集韵》的简本

宋丁度等奉敕纂修。又名《附释文互注礼部韵略》。是重修宋戚纶、丘雍等《韵略》(又名《景德韵略》)而成。宋仁宗景祐四年(1037)由国子监颁行,礼部执掌国子监,所以又名《礼部韵略》。是宋代士子应试写诗作赋必须遵守的"官本"韵书。实为《集韵》的简本,音韵体系、编排体例与《集韵》相同,先按平(上、下)、上、去、入四声分为五卷,再分206个韵部,9,590个常用字,删除了《广韵》、《集韵》中的僻韵奇字,先注反切,后加新释,释义简要。宋高宗时毛晃进行增订,增加了2,655字,订正485字。毛晃之子毛居正又增加了1,402字,名为《增修互注礼部韵略》,又名《增韵》。《礼部韵略》虽为"官韵",但在审音辨韵方面的价值并不大,宋以后便不流行。有宋刊本,《四部丛刊续编》据以影印,又有乾隆《四库全书》本,康熙曹寅刊《栋亭五种》本。南宋理宗时,山西平水人刘渊曾编《壬子新刊礼部韵略》,共107韵部,因刊于平水,故称为"平水韵"。金代平水王文郁著《平水新刊韵略》、金代张天锡编《草书韵会》、宋末元初阴时夫编《韵府群玉》,都为106韵部,这就是后来广为流传的106韵部平水韵。清代康熙年间编《佩文韵府》亦按平水韵分为106韵部编排。金代韩道昭编《五音集韵》,元初黄公绍、熊忠编《古今韵会举要》,都是金元时期的韵书。《壬子新刊礼部韵略》已佚,在《古今韵会举要》中尚可了解部分信息。

五、《洪武正韵》十六卷——明代的官定韵书

明乐韶凤、宋濂等奉敕编纂,简称《正韵》。明代官定韵书。按平、上、去、入四声分76韵部,平、上、去声各22韵部,入声10韵部。部分地反映了当时北方"官话"的实际情况。文字释义多沿袭《增修互注礼部韵略》,保存了入声韵,杂有南方方音,在明代不甚流行。但著名的类书《永乐大典》是据《洪武正韵》编排的,明清南北曲创作用韵多依照《洪武正韵》,有"南从《洪武》,北问《中原》"之说。有明刻嘉靖、万历刻本,清代

《四库全书》本。宁忌浮著有《洪武正韵研究》，上海辞书出版社 2003 年出版，是研究《洪武正韵》的权威著作。

六、《中原音韵》十六卷——北曲创作用韵的圭臬

元周德清编纂，近代官话韵书，是出现最早的一部北曲曲韵和北曲音乐著作。内容包含三部分："曲韵韵谱""正语作词起例""作词十法"。"曲韵韵谱"继承了《切韵》等韵书的传统，为北曲创作和演唱者的审音定韵标准；"正语作词起例"为曲韵、韵谱之编制和审音原则，宫调曲牌和作曲方法。"作词十法"为周德清的曲学理论主张。"曲韵韵谱"收创作用韵脚字 5,866 个，分成 19 韵部，1,627 个小韵（同音字组），每部再分为平声阴、平声阳、上声、去声等类，入声根据念法散入各类之中。《中原音韵》在音韵学、北曲创作、曲学理论领域都有很大影响。有《佩文诗韵》、《词林正韵》、《中原音韵》合刊本，上海古籍出版社 2011 年出版。

《词林正韵》三卷，清戈载著，分平、上、去三声为十四部，入声为五部，一共十九个韵部，是填词必备之韵书。宋洪民著有《金元词用韵与中原音韵》，中国社会科学出版社 2008 年出版，是研究《中原音韵》的专著。

七、《佩文诗韵》——清代的"《礼部韵略》"

此书为清代官定科举韵书，举子作试帖诗必须遵守的用韵规范。成书于清康熙末年，与《佩文韵府》同时。《佩文诗韵》按韵编排，实为《佩文韵府》单字的简本。分平（上、下）、上、去、入四声，沿用平水韵分 106 韵部。收 10,235 字，常用字在前，罕用字在后，每字加反切。有清礼部刻本，又有清光绪刊本。上海古籍出版社 2011 年出版《佩文诗韵》《词林正韵》《中原音韵》合刊本。

欲知韵，先知音，关于汉字古音的辞书有《上古音手册》，唐作藩编，江苏人民出版社 1982 年出版。《古今字音对照手册》，丁树声编，中华书局 1981 出版。《汉字古音手册》，郭锡良编，北京大学出版社 1996 年出版。《汉字古今音表》，李珍华、周长楫编，中华书局 1999 年出版。《汉字古今音汇》，周法高等编，香港中文大学出版社 1992 年版，等等，可以参考。

第四讲 从《辞源》到《辞海》

——词汇的海洋

词典也写作辞典。词是由字组成的,先字后词,由字到词,所以,词典也可以用来查字。字典与词典的区别是字典以识字为主,词典以解词为主。字典、词典都属于辞书,都是工具书。《四库全书总目》经部小学类有训诂、字书、韵书三目,训诂著录《尔雅注疏》等十二部著作,大都重在讲解字义,解释名物,是早期的词典。一般认为《尔雅》是中国第一部词典,其后出现了《方言》《释名》《广雅》《埤雅》《骈雅》《字诂》《别雅》等,都是模仿、续作《尔雅》或称之为"《尔雅》式"的古代词典。20世纪以来是辞书的发展壮大时期,出现了著名的语文辞典《辞源》、综合性辞典《辞海》等大型辞典,也出现了《中国人名大辞典》《中国地名大辞典》这样的专科辞书。20世纪80年代以来,词典编纂与出版成风,各门各类词典层出不穷,应有尽有。当然,质量也参差不齐,应择善而用之。词典可分为语文词典、百科词典、语文兼百科的综合词典、专科词典、专业性词典、普及性词典、学生词典、小词典与大辞典等等,每一种还可以进一步细分。

一、《尔雅》——词典的开山之作

《尔雅》是中国第一部语文词典,同时具有"百科"性质。《尔雅》也是训诂学的开山之作,对后世训诂学的形成和发展有深远影响。一般认为成书于秦汉时期,非一时一人之作。分为"释诂""释言""释训""释亲""释宫""释器""释乐""释天""释地""释丘""释山""释水""释草""释木""释虫""释鱼""释鸟""释兽""释畜"等十九篇,2,091个条目,4,300多个词语。前三篇解释一般词语，可视为语文词典，后十六篇分类解释各种名词，可视为"百科"词典，是解读儒家经典的工具，后来也成为了经典。在唐代被列入"十二经"，在宋代成为"十三经之一"。《尔雅》最早见于《汉书·艺文志》著录，在"六艺略"之内，《孝经》之后，小学之前。《隋书·经籍志》将《尔雅》列在经部《论语》之后，五经总义之前。《四库全书总目》将《尔雅》列入经部小学类。汉代以来，研究、注释、续作、仿作《尔雅》的学者和著作很多，逐渐形成了系统并成为了"雅学"。《汉书·艺文志》著录《小雅》一篇，也称《小尔雅》，是继《尔雅》之后出现的第二部训诂著作，也是最早补充《尔雅》的著述。此后补充、续作、仿作、注释《尔雅》的著作有汉刘熙的《释名》，魏张揖的《广雅》，晋郭璞的《尔雅注》，宋邢昺的《尔雅义疏》，宋陆佃的《尔雅新义》《埤雅》，明代朱谋㙔的《骈雅》，方以智的《通雅》，清代吴玉搢的《别雅》，史梦兰的《叠雅》等。明人把《尔雅》郭璞注、《广雅》《埤雅》《尔雅翼》《释名》合刻为《五雅》，又有把《尔雅》郭璞注、《小尔雅》宋咸注、《逸雅》（即《释名》）《广雅》《埤雅》合刻为《五雅全书》者。现存最重要的著述为晋郭璞的《尔雅注》和宋邢昺的《尔雅义疏》，后来合为《尔雅注疏》，成为《尔雅》最为通行的传本，因收入《十三经注疏》而广泛流行。清代邵晋涵的《尔雅正义》、郝懿行的《尔雅义疏》也是当时研究《尔雅》的代表作。郝懿行的《尔雅义疏》（又名《尔雅郭注义疏》）有1982年北京中国书店影印清咸丰年刻本，使用起来比较方便。近人黄侃笺释，黄焯编《尔雅音训》三卷，有1983年上海古籍出版社影印本。哈佛燕京学社引得编纂处有《尔雅引得》附标校经文、《尔雅注疏引书引得》可以利用。又有徐朝华《尔雅今注》，1987年天津南开大学出版社铅印本，《尔雅》原文使用的是《十三经注疏》本，后附《尔雅词语笔画索引》，便于检索。

二、诸"雅"解题——部分雅学著述的简单介绍

《广雅》十卷，魏张揖撰。为增广《尔雅》之作，故名《广雅》，也相当于

《尔雅》的续书。隋代为避隋炀帝杨广的名讳,曾改名为《博雅》。被称为中国最早的一部百科词典。体例、篇目、释词与《尔雅》全同,收词比《尔雅》广泛,收字18,105个,比《尔雅》多出七千多字。有明正德刻本,清《四库全书》本及其影印本。清人王念孙有《广雅疏证》,钱大昭有《广雅义疏》,都是研究《广雅》的重要著作。《广雅疏证》有江苏古籍出版社2000年影印王氏家刻本,后有词目索引,便于检索。中华书局、上海古籍出版社也都有影印本。《释名》——《逸雅》八卷,东汉刘熙撰,明代人改称之为《逸雅》。被称为"音训词典的先河",是一部用同音、同字、双声、叠韵、双声叠韵的词来解释名物词语,从语音探求语源的词典,并促进了韵书的产生。与《尔雅》《方言》《说文解字》同为汉代四部重要的训诂学著作,体例与《尔雅》相同。分为释天、释地、释山、释水、释丘、释道、释州国、释形体、释姿容、释长幼、释亲属、释言语、释饮食、释采帛、释首饰、释衣服、释宫室、释床帐、释书契、释典艺、释用器、释乐器、释兵、释车、释船、释疾病、释丧制等二十七篇,共计1,502条。清人张金吾撰有《广释名》,为增广《释名》内容而作。《释名》以明清刻本居多,明代有《五雅》及《五雅全书》本,清代以毕沅《释名疏证》、王先谦《释名疏证补》为《释名》校注的代表作。今人有祝敏彻、孙玉文点校《释名疏证补》,中华书局出版2008年出版,有四角号码索引。又有任继昉《释名汇校》,齐鲁书社2006年出版。《埤雅》二十卷,宋陆佃撰。为增广《尔雅》之书,"五雅"之一。以解释草木鸟兽鱼虫等动植物名词为主,包括《释鱼》二卷、《释兽》三卷、《释鸟》四卷、《释虫》二卷、《释马》一卷、《释木》二卷、《释草》四卷、《释天》二卷,可以视为古代专科词典。可惜《释天》已经失传。有明刻《五雅》及《五雅全书》本,清《四库全书》本,民国《丛书集成初编》本。《骈雅》七卷,明朱谋㙔撰。《尔雅》系列之一。可称为第一部复音词词典。以解释双音词为主,开后世联绵字典先河。分为释诂、释训、释名称、释官、释服食、释器、释天、释地、释草、释木、释虫鱼、释鸟、释兽等类。所采词语多出于先秦、两汉以迄六朝之经、史、文集及唐宋类书,不注反切音和出处。清人魏茂林著《骈雅训纂》以补正之,详注出处,将《骈雅》及《骈雅训纂》引用书名、篇名列于正文前,增加了反切音,有助于使用《骈雅》。《骈雅》有张海鹏《借月山房汇钞》本,《骈雅训纂》有清道光刻本。今人编有《骈雅训纂通检》,1981年南京师范学院油印本,可以检索《骈雅》和《骈雅训纂》。

《通雅》五十二卷,卷首三卷,明方以智撰。"五雅"之一。《四库全书》入杂家类,也有人将其归入类书类。内容以训诂、音韵为主,而比《尔雅》、《广雅》更为宽泛。卷首三卷为总论,其一为"音义杂论",其二为"读书类略"、"小学大略",其三为"诗说"、"文章薪火"。以下为疑始、释诂、天文、地舆、身体、称谓、姓名、官制、事制、礼仪、乐曲、乐舞、器用、衣服、宫室、饮食、算数、植物、动物、金石、谚原、切韵声原、脉考、古方解等二十四门。按类编排,广征博引,加以考证,所以被归入类书类。有《五雅》、《五雅全书》本,1985年上海古籍出版社《方以智全书》本。《别雅》五卷,清吴玉搢撰。《尔雅》系列之一。通借词词典。原名《别字》,后改名《别雅》。《四库全书总目》称此书"取字体之假借通用者,依韵编之,各注所出而为之辨证。"收录的主要是字形不同而音义相同的双音词和少数的单音词,多者达三十多个,一一列举例证。上承方以智《通雅》,下启朱起凤《辞通》。《别雅》有乾隆七年(1742)刻本,《四库全书》本。许瀚有《别雅订》,为订正《别雅》之作,可以参考。《叠雅》十三卷,清史梦兰撰。《尔雅》系列之一。叠字词典。叠字又名"重言",系指由两个相同的字组成的词语。《尔雅》收叠字一百五十组,《广雅》收四百多组。此书汇集古代经、史、子、集及古注古疏中的叠字,将同义的列为一条,引用古书进行解释,注明出处。收叠字三千多组,可谓是集大成者。书末附《双名录》一卷,辑录古代以叠字为名者。有清同治年刻《止园丛书》本。

三、《方言》——第一部方言词典及其他

《方言》十三卷,全称《輶轩使者绝代语释别国方言》,西汉扬雄撰。著名的训诂学著述,也号称中国第一部方言词典。体例与《尔雅》相同。记载古代不同地方的语汇,不分类,先举出一词,再列举同义词,然后解释词义,再逐一指出这些同义词是何地方言。包括古方言、今方言和一般流行的普通词语。《方言》与晋郭璞注一起流传,宋、元、明、清以来代有刻本。清人研究《方言》成果最多,主要有戴震的《方言疏证》,钱绎的《方言笺疏》,王念孙的《方言疏证补》,丁惟汾的《方言音释》。《方言笺疏》有1984 年上海古籍出版社影印本,《方言音释》有 1985 年齐鲁书社影印本。今人周祖谟的《方言校笺》被认为是集大成者,有科学出版社 1956 年版,1993 年中华书局重印,后附《方言校笺通检》,含俄文、法文、英文检字及笔画索引,便于使用。《方言》的续书主要有汉服虔的《通俗文》、唐颜师古的《匡谬正俗》、宋人的《释常谈》、龚颐正的《续释常谈》、明代李翊《俗呼小录》、李实的《蜀语》、清代杭世骏的《续方言》、翟灏的《通俗编》、钱大昕的《恒言录》、钱大昭的《迩言》等。杭世骏《续方言》二卷,采集《十三经注疏》、《说文解字》、《释名》等书,以补扬雄《方言》之遗,有《四库全书》本。清程际盛有《续方言补正》,为订补《续方言》之作,有《续修四库全书》本。近代国学大师章太炎著有《新方言》一书,分释词、释言、释亲属、释形体、释宫、释器、释天、释地、释植物、释动物、音表十一卷,收录方言八百余条,有《章氏丛书》本。以上为近代以前有关方言的工具书,现代编辑出版的方言词典有《现代汉语方言大词典》,李荣主编,江苏教育出版社 1993—1998 年出版分卷本,按地区分为 41 个分卷:崇明、苏州、厦门、长沙、娄底、西宁、太原、贵阳、南昌、武汉、梅县、乌鲁木齐、南京、丹阳、忻州、柳州、黎川、西安、扬州、徐州、金华、海口、银川、洛阳、济南、东莞、万荣、杭州、温州、上海、宁波、萍乡、南宁、牟平、成都、哈尔滨、福州、建瓯、广州、雷州、于都。2003 年又出了绩溪方言分卷,一共 42 个分卷。每个分卷收词都在 8,000 条左右,全书收词总数约 32 万条,总字数约两千万字。2002 年在分卷基础上又出版了综合本《现代汉语方言大词典》,全

6册,按笔画编排。1999年中华书局出版了许宝华、日本的宫田一郎等主编的《汉语方言大词典》。《现代汉语方言大词典》收现代方言,《汉语方言大词典》古今皆收,包括1,000多个县市18种方言系属21万余条词汇,含东北官话、北京官话、冀鲁官话、胶辽官话、中原官话、兰银官话、江淮官话、西南官话、晋语、徽语、吴语、湘语、赣语、粤语、闽语、客家语、平话、古方言、古南方方言、古北方方言等,涉及古今文献4,000余种,其中汉语方言文献1,200多种,与李荣主编的《现代汉语方言大词典》一起被誉为"汉语方言研究的双璧"。有《汉字笔画检字表》《汉语拼音和注音字母检字表》《四角号码检字表》《全国各县市汉语方言系属索引》《本书引用语言文字类古今文献目录索引》和汉语方言分布图、国际音标表等附录,可供检索之用。

《通俗文》一卷,汉服虔撰,中国第一部俗语词典。刘叶秋在《中国字典史略》中称之为"通俗词典的先河"。保存了大量当时的口语、俗语、冷僻词汇。已失传,只在古书中保存部分佚文,后世学者不断从中辑佚。段书伟有《通俗文辑校》,中州古籍出版社1993年出版,在前人工作基础上重新进行辑佚和校勘,是比较完备的本子。

《通俗编》三十八卷,清翟灏撰。又名《通俗篇》。汉语俗语词典。分天文、地理、时序、伦常、仕进、政治、文学、武功、仪节、祝诵、品目、行事、交际、境遇、性情、身体、言笑、称谓、神鬼、释道、艺术、妇女、货财、居处、服饰、器用、饮食、畜兽、禽鱼、草木、俳优、数目、语辞、状貌、声音、杂字、故事、识余等三十八类。每类为一卷。共五千多条,包括俗语、成语、方言词语等。广引经、史、子、集,进行解释,每条注明出处。有乾隆年原刊本,商务印书馆1958年与《直语补正》合在一起影印,并附四角号码索引。

《辞通》二十四卷,朱起凤撰。原名《新读书通》。异体同义词或双音同义词词典,包括音同和音近通假、义同通用、形近而讹的词语,收词三万多条,按平水韵编排。每条之下有按语,说明形、音、义三者的流变。

是阅读古书常用的大型工具书,也是古汉语研究、辞书编纂的必备参考书。民国二十三年(1934)上海开明书店出版,上海古籍出版社1982年重印,附有四角号码首字索引。吴文祺著有《辞通续编》,新收数千条,对《辞通》内容也有所订正,上海古籍出版社1991年出版。

《联绵字典》三十六卷,符定一编。与《辞通》性质相近。主要收六朝以前古籍内的双音词中的连绵词,包括双声字、叠韵字、非双声叠韵字,包括虚词。按部首编排,用反切注音,加以解释和列举例证。按《康熙字典》之例,分为子、丑、寅、卯、辰、巳、午、未、申、酉、戌、亥十二集,每集按部首排列。是收录和解释古书联绵词的重要工具书。民国三十二年(1943)北京京华印书局出版,有《联绵字典索引》一册,按每集顺序排列,用注音字母注音,标出页码。1983年中华书局重印,字典与索引合印,索引并附汉语拼音方案,以便于与注音字母对照,了解每个字的读音。

以上为训诂学史上的重要著述,也是辞书史上最重要的语文类词典,学习、使用工具书者不可不知。各书都是语文词典,但内容也涉及到天文、地理、人物等各个方面,为阅读古书和专业研究所必备。

以下主要介绍近现代以来两部最重要的大型辞书——《辞源》和《辞海》。前者为语文辞书,后者为综合或百科辞书。虽然继《辞源》《辞海》之后又编辑出版了不少大部头的词典,但是,《辞源》《辞海》以其内容丰富、释词科学、编排合理、简便实用、检索方便而不断再版修订,发行量大、流传广泛,仍是大多数工具书使用者的案头必备,不可替代。

四、《辞源》——中国近现代第一部较大规模的语文辞书

陆尔奎、方毅等主编。中国现代第一部较大规模的语文辞书。清光绪三十四年(1908)开始编纂,民国四年(1915)由商务印书馆开始出版,民国二十八年(1939)出版合订本,1949年出版简编本,1958年开始修订,1964年开始出版修订稿第一册,1976年再次修订,1983年完成修订工作并出版。修订本《辞源》由吴泽炎、黄秋耘、刘叶秋编纂,参加修订者有一百多人。《辞源》以语词为主，兼收百科；以常见为主，强调实用；结合疏证，重在溯源。修订本删除了旧《辞源》中的现代自然科学、社会科学和应用技术词语，吸收了现代词书的特点，而成为专门汇集、解释古代语词典故、文物典章制度的大型工具书。具体包括古代汉语、一般词语、常用词语、艺文、成语、典故、人名、地名、书名、医术、花鸟虫鱼、文物、典章制度等。资料来源主要是古代字书、韵书、类书，注重揭示词语出处和词义来源，故名《辞源》，所以，通过《辞源》也可以查找古书典故。所收词语止于鸦片战争（道光二十年，1840）。共收单字 12,890 个，复词（词语、词组）84,134 条，共计 97,024 条。全书分子、丑、寅、卯、辰、巳、午、未、申、酉、戌、亥十二集，以字统词，每集单字按《康熙字典》214 个部首排列，单字下注汉语拼音和注音字母、《广韵》的反切音、声调、韵部、声纽、释义、书证。复词条的组成包括释义和书证。书证注明书名、篇目或卷次，引文内容均经复核。引用古籍一般据通行本。《辞源》内容全部使用繁体字排版。《辞源》有部首目录，难检字表，附有字、词四角号码索引，单字汉语拼音索引，繁简字对照表，新旧字形对照表，历代建元表等。使用《辞源》最方便的工具还应该是四角号码索引，可以直接查字和词及其所在的页码。修订本《辞源》出版以后，以其便于阅读和检索成为了通行本，旧《辞源》已经成为了收藏对象。修订本《辞源》主要有商务印书馆1983 年第一版印本，4 册，1991 年第一版第二次印刷本，2 册，1989 年缩印本，1 册。《辞源》是阅读古书，读解文言文、古诗词的最好工具，一般的字、词、典故等等都能通过《辞源》得到解决，起码为我们提供了最基本的资料线索。所以，阅读古书遇到困难时，首先想到的还是《辞源》。《辞源》也有其不足，所以，不断有学者对其进行考订工作，主要有田忠侠的《辞源考订》，东北师范大学出版社 1989 年版；《辞源续考》，黑龙江人民出版社 1992 年版；《辞源通考》，福建人民出版社 2002 年版等；还有一些论文发表，有助于对《辞源》的修订工作。

五、《辞海》——海纳百川：现代最著名的百科大辞典

舒新城等主编。是现代最具影响的语词与百科词语大辞典。民国四年(1915)开始编纂，民国二十五年(1936)由中华书局出版。工具书历史上，《辞源》与《辞海》，就像书籍出版史上的《四部丛刊》和《四部备要》，称为商务印书馆和中华书局的两面招牌。和《辞源》相比，《辞海》似乎更具有现代辞书的气息。收录范围更加广泛，古今中外，无所不包，除了成语、典故、人物、著作、历史事件、古今地名、团体组织等等之外，还收录了大量现当代科技名词术语。1989 年版收单字 16,534 个，比《辞源》要多，词目 12 万个，力求反映 20 世纪 80 年代的科学文化水平，时代感很强。单字按部首编排，部首相同的再按笔画多少排列，笔画相同的再按笔顺排列。全书按简化字排版，但也收繁体字、异体字，指出对应的简化字。单字注汉语拼音。前有部首表、笔画查字表，通过笔画查字表可以检索到每个单字；后有汉语拼音索引、四角号码索引，可供检索每个单字之用；另有词目外文索引，可以检索词头后夹注及释文开头所注的外国人名、地名、民族名、货币名、报刊名、组织名、部分药名以及术语等。附录 13 种，包括方诗铭编的《中国历史纪年表》、汉语拼音方案等，比较实用。所收的字、词，从中学到大学，从学生到老师，日常读书、写作足敷应用，是我们手头必备的工具书。当然，如果进行科研，还要查考其他专业工具书和原著。《辞海》有缩印本，一册，使用起来很方便，缺点是字太小。《辞海》有分册版，1961 年 10 月《辞海》试行本，出 16 分册，另有总词目表 1 册，内部发行，供征求意见，中华书局《辞海》编辑所发行。1975 年 12 月—1983 年 2 月《辞海》分册修订本，即新一版，为 28 分册，上海人民出版社出版。1986 年 8 月—1989 年 10 月《辞海》分册新二版，为 26 分册，先为上海人民出版社出版，后为上海辞书出版社出版。从《辞海》的这些分册能更加了解《辞海》内容的广泛性，是具有百科全书性质的辞典。《辞海》(修订稿)，分册目录(列于每册版权页)：

1. 语词分册上、下；2. 文学分册；3. 哲学分册；4. 艺术分册；5. 经济分册；6. 语言文字分册；7. 政治法律分册；8. 文化、体育分册；9. 军事分册；10. 教育、心理分册；11. 国际分册；12. 理科分册上、下；13. 民族分册；14. 生物分册；15. 宗教分册；16. 农业分册；17. 历史分册：中国古代史、中国近代史、中国现代史、世界史·考古学；18. 医药卫生分册；19. 地理分册：中国地理、历史地理、外国地理；20. 工程技术分册上、下。2009 年开始，上海辞书出版社陆续出版了《大辞海》,《大辞海》以《辞海》为基础并进行补充和拓展，增收《辞海》尚未涉及的新领域和各学科的新名词，全书收词约 25 万条，共约 5,000 万字，约为《辞海》的两倍以上，按学科分类编纂，分卷出版。包括语词卷 5 册，736 万字；其他各科分为 37 卷：1. 哲学；2. 军事学；3. 宗教；4. 民族；5. 教育学·心理学；6. 管理学·统计学；7. 经济学；8. 法学；9. 政治学·社会学；10. 语言学；11. 中国古代史；12. 中国近现代史；13. 世界史；14. 中国地理；15. 世界地理；16. 历史地理；17. 文物·考古；18. 中国文学；19. 外国文学；20. 戏剧·电影；21. 音乐·舞蹈；22. 美术·书法·摄影；23. 文化·体育；24. 新闻·传播；25. 数学·物理学·化学·力学；26. 天文学·地球科学；27. 生物学；28. 农业科学；29. 医药科学；30. 信息科学；31. 材料科学；32. 机械电气；33. 化工·轻工·纺织；34. 能源科学；35. 建筑·水利；36. 矿山·冶金·电气工程；37. 环境科学。计划 2015 年出齐，出齐后，将是词典史上空前巨作。

《辞海》版本列表

序号	版本名称、卷数	出版时间	出版社
1	1936 年版两卷本（甲种、乙种、丙种、丁种）	1937 年 9 月出版	中华书局（下同）
2	《辞海》1936 年版两卷本（戊种）	1938 年 6 月出版	
3	《辞海》1936 年版合订本	1947 年 5 月出版	

4	《辞海》试写稿（供作者编纂参考）	1960 年 3 月印	
5	《辞海》二稿样稿本（供作者编纂参考）	1960 年 11 月印	
6	《辞海》试行本，16 分册	1961 年 10 月发行	
7	《辞海》送审本 1 册	1963 年 10 月印	
8	《辞海》试排本	1963 年 4 月出版	
9	《辞海》未定稿两卷本	1965 年 4 月出版	
10	《辞海》28 分册	1975 年 12 月—1983 年 2 月出版	上海人民出版社
11	《辞海》1979 年版，三卷本	1979 年 9 月出版	上海辞书出版社（下同）
12	《辞海》1979 年版	1980 年 8 月出版	
13	《辞海》语词增补本	1982 年 12 月出版	
14	《辞海》百科增补本	同上	
15	《辞海》四角号码查字索引本	1982 年 8 月出版	
16	《辞海》增补本	1983 年 12 月出版	
17	《辞海》百科词目分类索引	1986 年 10 月出版	
18	《辞海》26 分册，新二版	1986 年 8 月—1989 年 10 月出版	上海人民出版社、上海辞书出版社
19	《辞海》1989 年版，三卷本	1989 年出版（江泽民题词）	上海辞书出版社（下同）
20	《辞海》1989 年版，缩印本	1991 年 1 月出版	
21	《辞海》1989 年版，简体字版，三卷本	1989 年 9 月出版	
22	《辞海》1989 年版，简体字版，缩印本	（同上）	

23	《辞海》1989 年版,繁体字版,三卷本	1993 年 7 月出版	
24	《辞海》1989 年版,繁体字版,10 部分卷本	同上	
25	《辞海》1989 年版,增补本	1995 年 12 月出版	
26	《辞海》1999 年版,彩图本	1999 年 9 月出版	
27	《辞海》1999 年版,彩图珍藏本	同上	
28	《辞海》1999 年版,普及本	同上	
29	《辞海》1999 年版,缩印本	2000 年 1 月出版	
30	《辞海》1999 年版,彩图缩印本	2001 年 8 月出版	
31	《辞海》1999 年版,普及本	2002 年 8 月出版	
32	《辞海》1999 年版,缩印本	2002 年 1 月出版	
33	《辞海》2009 年版	2009 年 9 月出版	

六、《王云五大辞典》——第一部用四角号码编排的辞典

在中国词典史上,和《辞源》《辞海》差不多同时编纂出版的还有一部语词和百科词典,那就是《王云五大辞典》。

《王云五大辞典》,王云五编,民国十九年(1930)商务印书馆出版。被誉为汉语工具书发展史上的里程碑著作之一。王云五是四角号码检字法的发明人,这部词典是中国第一部按四角号码排检的词典,此前商务印书馆的《学生字汇》《学生字典》是最早按四角号码法编排的字典。《王云五大辞典》也是语词和百科词典,语词包括文体、语体、各地方言、外来语。百科包括社会科学、文艺、史地、哲学、宗教等方面。单字以注

音符号、国语、罗马字、汉字直音注音。后附笔画索引。随着《辞源》《辞海》等大辞典的问世,《王云五大辞典》最后默默无闻了。但是,四角号码检字法却被后世广为使用,作为工具书的排检法,发挥其作用。

七、从《新华词典》到《汉语大辞典》——科学实用,小大由之

毫无疑问,《新华字典》《新华词典》都是最受欢迎、方便实用的小型工具书。《新华词典》内容以语词为主,兼收百科词条,属于普及型、大众化的词典。商务印书馆 1980 年出版,1988 年、2001 年一再修订。共收条目 47,231 条,百科条目增加到 25,000 多条,增补了信息、环保、法律、财经、军事、医学、计算机、建筑、生命科学等领域的新词语约 7,000 条,附录内容也讲究实用。适合中学师生及中等文化程度以上的读者使用。《新华成语词典》,商务印书馆辞书研究中心编,商务印书馆 2002 年版,为中型成语词典,收常用成语 8,000 多条。有词目笔画索引。商务印书馆还出版过《汉语成语小词典》,是可以随身携带、随时翻阅的小型成语词典。商务印书馆出版的另一部非常流行的中小型词典为《四角号码新词典》。《四角号码新词典》(第九次修订重排本),商务印书馆 1982 年出版。王云五编有《四角号码词典》,为了区别,本词典名为《四角号码新词典》。是以词语为主,兼收百科的通俗性语文工具书。以现代词语为主,也收部分古词古义。共收单字(包括繁体字和异体字)10,600 个,复词 20,400 多条。以单字字头的四角号码次序排列,每个单字先注音,包括现代汉语拼音和注音字母、同音汉字注音,字母后注“阴、阳、上、去”四声。然后解释字义和举例,最后是词条及词义。繁体字不解释词义,但注明相对应的简体字的四角号码。本词典的主要功能是对不熟悉四角号码的人可以通过附录的音序检字表查得字的四角号码。另有《四角号码小词典》《四角号码学生小词典》等。《汉语大词典》,罗竹风主编。上海辞书出版社出版,1986 年开始分卷出版,后由汉语大词典出版社出版,有 1990—1993 年版,共 12 册,1994 年出版附录·索引 1 册。共收词目 37 万 5 千多条,约五千万字,插图 2,253 幅。是目前规模最大的汉语语

文工具书。1999年又出版《汉语大词典简编》本。《现代汉语词典》，吕叔湘、丁声树等主编。商务印书馆1960年出版试印本，1965年出版试用本，1973年内部发行，1978年出版第一版。被誉为"中国首部权威的现代汉语规范型词典"，已经修订过五次。2012年出版了第六版，收录单字13,000多个，条目69,000多条，增收新词语近3,000条。有检字表、难检字笔画索引等可供检索。《古代汉语大词典》，徐复等编，上海辞书出版社2000年出版。是对《辞海·语词分册》进行修改、增删而成，因此又名《辞海版古代汉语大词典》。剔除《辞海》中所有现代汉语词汇和书证，纠正了《辞海》中错误的字形、音注、释义、例证，删除生僻而检索价值不大的字词，增补了大量古籍中常见而有用的典故和词汇，精简书证。可以取代《辞海》解决古汉语问题，是学习古代汉语、阅读文言文的专业工具。附有笔画检字表、汉语拼音索引，可供检索。《现代汉语分类大词典》，又名《辞海版现代汉语分类大词典》，董大年编，上海辞书出版社2007年出版，与徐复《古代汉语大辞典》体例一样，都是在《辞海·语词分册》基础上改编的。《现代汉语大词典》，是汉语大词典出版社继《汉语大词典》之后于2006年出版的大型现代汉语工具书。共收单字条目（含繁体字、异体字）15,000余条，词目10万余条，被称为目前现代汉语词典中规模最大、收词条最多、信息量最丰富的大型语文工具书。依部首、笔画次第编排，正文前有单字笔画索引，正文后有音序索引，以方便读者查检。

八、《现代汉语规范词典》——规范写作的宝典

以下几种工具书对于规范我们写作过程中遣词造句、提高写作能力和质量有用，就是由李行健主编的《现代汉语规范词典》（外语教学与研究出版社、语文出版社2004年出版）、《现代汉语异形词规范词典》（上海辞书出版社2002年出版）、《现代汉语成语规范词典》（长春出版社2000年出版）、《异形词规范手册》（上海辞书出版社2005年出版）及《中学生规范字典》、《小学生规范字典》等一组语文工具书。是严格执行国家发布

过的《简化字总表》《第一批异体字整理表》《第一批异形词整理表》《现代汉语通用字表》《现代汉语通用词表》《汉语拼音方案》《普通话异读词审音表》等规定进行编纂的,是可以信赖的工具书。

九、《中国百科大辞典》——百科辞典的代表作

《中国百科大辞典》编委会编,梅益、陈原总编,王伯恭主编,中国大百科全书出版社 1999 年出版,共 10 册。是在《中国大百科全书》的基础上编纂而成的大型综合性百科工具书。包括 60 多个传统学科和部分新兴学科、边缘学科的 61,000 个条目,学科领域超出了《中国大百科全书》。有条目汉字笔画索引可供检索。除了初版、再版,另有缩印本、普及本。

十、《古书典故辞典》——查找典故的工具书

杭州大学中文系编,江西人民出版社 1984 年出版,是出版较早的一部古书典故辞典。收录古书典故 5,400 多条。此类辞典还有《汉语典故词典》,王慰庭等编,江苏古籍出版社 1985 年出版。《常用典故辞典》,四川辞书出版社 2004 年出版。《中国典故大辞典》,赵应铎编,汉语大辞典出版社 2005 年出版。共收典故 6,400 多个,32,000 多条。《中国典故大辞典》,辛夷等编,北京燕山出版社 2008 年版。《中国历史典故辞典》,阙勋吾主编,三秦出版社 1985 年出版。《文学典故词典》,山东大学古籍整理研究所编,齐鲁书社 1987 年出版。《文史典故词典》,魏励编,北京工业大学出版社 2003 年出版,收词 2,700 多条。《成语典故辞典》,高承言编,中州古籍出版社 1997 年出版。共收小、中、大学现行语文课本中的成语、典故及少数近似成语的词组和常用熟语共 2,269 条。《典故词典》,孙立群等编,2007 年上海大学出版社出版。此外尚有《常用典故词典》《掌故大辞典》《引用语大辞典》《二十六史典故辞典》《诗词典故辞典》《全唐诗典故辞典》《全宋词典故辞典》《全元曲典故辞典》等等。

十一、《称谓录》——查考古今称谓的工具书

吉常宏主编的《汉语称谓大词典》是规模较大的汉语称谓辞书,2001

年河北教育出版社出版。收录古今各种称谓三万余条,以古代称谓为主,包括正名、异名、代称、喻称、单称、合称、贱称、谦称、尊称等等,是阅读古籍、整理古籍必备的工具书,注重书证材料的可靠性、准确性。清人梁章钜的《称谓录》三十二卷,分738类,如亲人、亲戚之间的称谓,皇帝及其父母、子女称谓,宗室王公称谓,六部官职称谓,琴棋书画、百工、三教九流称谓等等,共计5,424条词目,引书出自经、史、子、集。是现存的较早的称谓录,《清史稿》艺文志归入类书类,也可视为名物词典。《汉语称谓大词典》之外还有王火、王学元编,辽宁大学出版社1988年出版的《汉语称谓词典》。鲍海涛、王安节编,吉林教育出版社1988年出版的《亲属称呼辞典》。张孝忠等编,中国国际广播出版社1988年出版的《古今称谓辞典》。陆瑛编,广西民族出版社1989年出版的《简明称谓辞典》。杨应芹、诸伟奇编,黄山书社1989年出版的《古今称谓辞典》等等。

十二、《中国古今地名大辞典》——查找古今地名的工具书

臧励和等编著,民国二十年(1931)初版。收录自远古至民国时期的古今地名,包括省、府、道、路、州、郡、卫所、县、乡、村镇、集市、山、海、洋、川、湖、城、关塞、寺庙、桥梁、矿山、铁路等,引用经书、史书、诸子、类书等古籍,考证地名由来、演变、古今地理位置等。书前有《缘起》《例言》和笔画检字,书后有《补遗》、四角号码索引,附录《行政区划表》《全国铁路表》《全国商埠表》《各县异名表》。本辞典出版于20世纪30年代,是很有时代特点和学术含量的辞典,在当时和后来一直是与《中国人名大辞典》并行的两部查人名和地名的大型工具书。在今天看来,内容难免有些陈旧,但其历史地理学价值和应用价值仍然不容忽视。《中外地名辞典》,丁訾盦、葛绥成合编,民国十三年(1924)中华书局出版,根据中外各国地理著作和地图,以及方志、游记等几十种编辑而成。内容涉及国名、都城、商埠、城镇、名山大川、矿产铁路等。前有目录,按笔画顺序编排,后附英华地名对照表、中外里数及尺寸对勘表、中外重要地名英文表等,还插有中华民国和世界各大洲地图。《最新中外地名辞典》,葛绥成编,是

在《中外地名辞典》基础上编成的。民国二十九年(1940)出版。共收中外地名约 25,000 条,是 1949 年以前出版的篇幅最大的中外地名辞典。新出的古今地名词典有《中国古今地名大辞典》,戴均良编,上海辞书出版社 2005 年出版。是我国建国后编纂的第一部规模最大、最具权威的古今地名工具书。全书 6 万余条,1,000 多万字。此外,尚有史为乐编《中国历史地名大辞典》,中国社会科学出版社 2005 年版。魏嵩山编《中国历史地名大辞典》,广东教育出版社 1995 年版。复旦大学历史地理研究所编《中国历史地名辞典》,江西教育出版社 1986 年版等。

十三、《中国人名大辞典》——四万多人的信息宝典

如果查一般人名,可以查《辞海》这样的综合性辞书,基本就能解决。如果查某一专业领域人名,可以查专门性的辞书。如果查重要的历史人物,见于《二十四史》的,可以查正史的相关索引。《中国人名大辞典》是 20 世纪前期出现的收录历史人物最多的一部辞书,在很多新编工具书出现之前,一直是读书和从事古书编目工作最常用的工具书。《中国人名大辞典》,臧励和等编,商务印书馆初版于 1921 年。全书收上古至清末四万余人,每人一篇小传。包括传说中的古代圣贤、见于经书的重要人名,正史有传的人物,少数民族人物,学者、书画家、工艺家、著名商贾、医家、妇女人物等都有采录。但对于史志中收录的后妃、宗室、列女、忠义、孝友等人物不收。每条依次为姓名、朝代、籍贯、字号、生平事迹、著作等编写。全书按姓氏笔画编排。前有例言和笔画检字,书末有补遗,附姓氏考略、异名表、中国历代纪元表、勘误表、四角号码人名索引。本书至今仍然是一部收录历代人物较多的综合性的人物辞典,与《中国古今地名大辞典》同为流传很广的工具书。但由于《中国人名大辞典》成书较早,收录标准和体例也有不足之处,比如人物没有生卒年,籍贯也都是民国以前的地名等等。常用的版本为上海书店 1980 年复印本。《中国历代人名大辞典》,张㧑之、沈起炜、刘德重主编,上海古籍出版社 1999 年出版。前有目录,按笔画顺序排列,后附录一,夏、商、周(共和以前)世系表;附

录二,历代纪年表及人物姓名四角号码索引。《中国历代名人辞典》,南京大学历史系《中国历代名人辞典》编写组编,江西人民出版社1984年版。内容为中国古代和近代重要历史人物的小传汇编,包括人物姓名、字号、生卒年、身份、籍贯以及主要事迹。收录范围上起远古,下迄"五四"运动,包括历代重要政治人物、农民起义领袖、文学艺术家、思想家、学者、科学发明家、少数民族人物等,以政治人物为主。共收录4,120条,3,755人。前有历代人物表,按时代先后排列,也是辞典的编排顺序。后附中国历史年代简表、中国历史年代纪元表、中国历史上主要的农民起义表、中国历史年号通检及人名笔画查字表,按笔画笔顺编排。《中国近现代人物名号大辞典》,陈玉堂编。浙江古籍出版社1993年第一版。查检古代人物字号室名的工具书比较多,而关于近现代人物字号室名的工具书则很少,因为时间比较晚近的原因,还没有引起学术界的重视,因此给我们带来很多不便和无耐。"笔名大王"陈玉堂《中国近现代人物名号大辞典》的编辑出版为这个领域填补了空白。这部辞典共收录1840年以后1949年以前的各方面历史人物101,112人。以人名立条目,按人物姓氏笔画为序编排,笔画相同的按笔顺为序排列。每个人物均有一篇小传,介绍生卒年、籍贯、字号、室名、事迹、著作等。前有《目录》,后有《名号索引》等,索引按四角号码编排。缺点是收录的人物有限,人物的名号有所遗漏。陈玉堂又编有《中国近现代人物名号大辞典续编》,浙江古籍出版社2001年第一版。收录范围、体例同上。收录近现代名人4,092人。《历代名人室名别号辞典》(增订本),池秀云编著,山西古籍出版社1998年第1版。作者为陕西省图书馆古籍部主任。本书收录上承远古,下迄当代,历史上有一定影响和突出贡献的人物的室名和别号,包括历代学者、藏书家、刻书家、思想家、史学家、文学家、戏剧家、文字音韵学家、教育家、医学家、书画家、篆刻家、科学家、工艺美术家,以及抗战英雄、革命烈士、编辑记者、摄影师等。共收录室名和别号13,697条,人名

13,796 条。涉及的每个人物各为一篇小传,内容为朝代、籍贯、生卒年、生平事迹、著述等。前有部首检字,后有人名索引,按姓名笔画为序。是收录人物较多的一部人物室名别号和传记的工具书。

十四、各科辞典举隅

1. 文学

《中国文学家大辞典》,谭正璧编,民国二十三年(1934)光明书局排印本,上海书店 1981 年据之影印。是早期编辑出版的中国文学家辞典,影响较大,所以一再重印。收录文学家自老子至近代 6,800 余人,各为小传,内容为姓名、字号、籍贯、生卒年、岁数、事迹、著作等。依照人物生卒年或在世年代之先后编排,每个文学家都有一个编号,书后有笔画索引。多卷本《中国文学家大辞典》,中华书局 1997 年至 2006 年出版,主编都是断代文学史研究专家。分为先秦汉魏晋南北朝卷(曹道衡、沈玉成编撰,1996 年)、唐五代卷(周祖撰编撰,1992 年)、宋代卷(曾枣庄编撰,2004 年)、辽金元卷(邓绍基、杨镰编撰,2006 年)、明代卷(李时人主编,未见)、清代卷(钱仲联编撰,1996 年)、近代卷(梁淑安编撰,1997 年),书后附姓名字号索引。《中国古典小说六大名著鉴赏辞典》,霍松林主编,华岳文艺出版社 1988 年出版。包括《三国演义》《水浒全传》《西游记》《儒林外史》《红楼梦》中的词语注释、艺术鉴赏、研究概况评介等。陕西人民出版社再版。

2. 历史

《中国历史大辞典》,郑天挺、吴泽、杨志玖主编,上海辞书出版社出版。收词 7 万条,分为《先秦史卷》《秦汉史卷》《魏晋南北朝史卷》《隋唐五代史卷》《宋史卷》《辽夏金元史卷》《明史卷》《清史卷》《史学史卷》《历史地理卷》《思想史卷》《科技史卷》《民族史卷》,各卷由断代史专家主编、撰写,内容涵盖了中国古代政治、经济、军事、思想、文化、教育、法律、科技等各个领域,全书按照名词术语、古国朝代、政权年号、民族部落、阶级阶层、历史人物、历史事件、社团组织、史籍文献、典章制度、社会经济、风俗礼仪、文物考古、科技发明、中外关系等选词立目。先出分卷本,从 20 世纪 80 年代一直出到 90 年代,2000 年出版两卷(册)本,按笔画顺序排列,2007 年出版三卷音序本,按汉语拼音顺序排列。

《二十五史专书辞典丛书》,为解读《二十四史》的系列词典,全书按照中华书局点校本《二十四史》中出现的人名、地名、民族、职官、典籍、名物、历史事件、词语、典故等选词立目。按笔画顺序编排,前有词目笔画笔顺索引。目前未见全本。

《二十五史专书辞典丛书》列表

序号	书名	主编	出版社	出版时间	备注
1	《史记辞典》	仓修良	山东教育出版社	1991 年	词目 16,800 条
2	《汉书辞典》	同上	同上	1996 年	23,800 条
3	《后汉书辞典》	张舜徽	同上	1994 年	21,000 条
4	《三国志辞典》	同上	同上	1992 年	18,000 条
5	《晋书辞典》	刘乃和	同上	2001 年	24,000 条
6	《北朝五史辞典》(包括《魏书》《北齐书》《周书》《隋书》《北史》)	简修炜	同上	2000 年	54,000 条
7	《南朝五史辞典》(包括《宋书》《南齐书》《梁书》《陈书》《南史》)	袁英光	同上	2005 年	
8	《两唐书辞典》(包括《新唐书》《旧唐书》)	赵文润、赵吉惠	同上	2004 年	
9	《两五代史辞典》(包括《新五代史》《旧五代史》)	宋衍申	同上	1998 年	

10	《辽金史辞典》(包括《辽史》《金史》)	邱树森	同上	2011 年	
11	《宋史辞典》	朱瑞熙	同上	2001 年发稿	
12	《元史辞典》	邱树森	同上	2002 年	
13	《明史辞典》	南炳文、汤纲	同上	2001 年发稿	
14	《清史稿辞典》	孙文良、董守义	同上	2008 年	

3. 职官与官制辞典

官制与职官是中国古代史比较复杂的问题之一,也是阅读古书尤其是史书会经常遇到的问题,所以,要借助于有关的工具书解惑。此类工具书主要有《中国古代职官大辞典》,张政烺主编,河南人民出版社 1990 年出版。《中国历代职官别名大辞典》,龚延明编著,上海辞书出版社 2006 年出版。收词 10,000 条,包含了自先秦到明清历代王朝官名的各种别称。《中国官制大辞典》:①俞鹿年编著,黑龙江人民出版社 1993 年出版。分释文与图表两部分,释文部分收 13,600 条词目,分官制为九门,诠释历代国家机构、官吏名称、设置与沿革情况。图表配合释文把历代设官面貌以图表形式揭示出来。②徐连达编著,上海大学出版社 2010 年出版。包括历代政府部门、机构、职官、胥吏以及官吏的品秩、爵勋、俸禄、章服、铨选、任用、待遇、考绩、科举等职官的名称、别称、俗称、省称、合称、泛称等 12,270 余词目。此外还有吕宗力主编、北京出版社 1994 年出版的《中国历代官制大辞典》;龚延明编著、中华书局 1997 年出版的《宋代官制辞典》等。

4. 文献

《中国藏书家辞典》。藏书家是特殊的文化群体,关乎典籍的流传,文化之传承。《中国藏书家辞典》为李玉安、陈传艺编著,湖北教育出版社 1989 年出版。收入中国历代藏书家、目录学家、图书馆事业家、版本学家、校勘学家等人物 1,149 人。《历代藏书家辞典》,梁战、郭群编著。陕西人民出版社1991出版，收录历代藏书家3,400人。《中国历代藏书家辞典》，主编王河，同济大学出版社1991年出版。介绍自先秦到现代2,747名藏书家的生平、藏书事迹、藏书思想、藏书流传情况。《中国古籍版刻辞典》，瞿冕良编撰，1999年齐鲁书社出版，苏州大学出版社2009年出版增订本。这是一部关于中国古代雕版印刷史的专业辞典。增订本收21,500多条词目，包括版刻名词，刻字工人，历代刻书家、抄书家，参考文献，按笔画多少编排。前有词目，方便查找。是古籍版本鉴定的专业工具书。《简明中国古籍辞典》，吴枫主编，高振铎、颜中其副主编，吉林文史出版社1987年出版。是改革开放之后较早编辑出版的古籍辞典。此前东北师大古籍所即有编纂《中国古文献大辞典》之议，《简明中国古籍辞典》先成，以为铺路之作。收录自先秦至辛亥革命(1911)4,900多种古籍条目，一一进行解题，体例和内容主要参考《四库全书总目提要》。词目按笔画编排，附有书目分类索引、著者音序索引可供检索。该所后来编纂了《中华古文献大辞典》系列，可惜只出版了《中华古文献大辞典·医药卷》，吉林文史出版社1990年版；《中华古文献大辞典·地理卷》，吉林文史出版社1991年版；《中华古文献大辞典·文学卷》，吉林文史出版社1994年出版；此后便告停止。《简明古籍辞典》，胡道静主编，齐鲁书社1989年出版。词目1944条，主要介绍了古书的体例、分类和目录学、古籍整理知识等。《中国大书典》，黄卓越、桑思奋主编，中国书店1994年出版。内容为1911年以前出版的中国古籍，条目释文介于提要书目、辞典和百科全书之间，注重成书经过、主要内容、精华所在、得与失等。书内分哲学卷、历史卷、政事卷、地志卷、教育卷、文学卷、艺术卷、语言文字卷、金石考古卷、宗教卷、科技卷、医学卷、类书丛书卷。分卷内条目排列无规律，释文内容略嫌冗杂。《中国图书大辞典》(1949—1992)，宋木文、刘杲主编，湖北人民出版社1997年出版，19册。从1949年至1992年42年间中国大陆出版的图书中，选出10万种图书以辞条形式介绍每种图书的主要内容和特点。可视为《续修四库全书总目提要》、《民国时期总书目》的续篇,分为 15 卷:1.政治、法律、军事分卷;2.艺术分卷;3.经济分卷;4.文学分卷;5.马克思列宁主义、毛泽东思想、哲学分卷;6.语言、文字分卷;7.文化、科学、教育、体育分卷;8.数理科学、化学、生物科学分卷;9.工业技术分卷;10.医药、卫生分卷;11.社会科学总论、自然科学总论、综合性图书、丛书要目、中国少数民族文字图书要目分卷;12.历史、地理分卷;13.农业科学分卷;14.天文学、地球科学、交通运输、航空、航天、环境科学、劳动保护科学分卷;15.总索引。正文按类编排,正文前有分类词目目录,正文后有词目笔画索引,全书又有《总索引》1 册,可供检索。《中国方志大辞典》,董一博主编,浙江人民出版社 1988 年出版。分方志词语、方志书名、方志人物、修志机构等,共 2,900 多个条目。其中收录各种志书1,161 种,方志人物 585 人。

5. 书画

《中国画家大辞典》,原名《中国画史人名大辞典》、《中国画家人名大辞典》,民国二十三年(1934)神州国光社铅印本,1982 年中国书店据以影印。取材于古代画史著述,因此又名《中国画史人名大辞典》,画史之外,兼采正史、诗文集、笔记、方志等,注明资料出处。按笔画多少编排,条目内容为人名、朝代、籍贯、字号、事迹、绘画风格与成就、主要作品等。是早期编辑出版的画家辞典。《中国古今书画名人大辞典》,陈炳华主编,天津古籍出版社 1998 年出版。词目 29,141 条,收录上古到当代书画名人近 30,000 人,各为小传。内容为姓名、生卒年、字号、学历、官职、所在学术团体、作品展出、获奖及出版情况。按笔画多少为序编排,前有人名检字表,可供检索。信息量大,尤其是古代和近代书画家部分收录较多,参考价值高。《中国书法论著辞典》,张潜超主编,上海书画出版社 1990年出版。正文分论著和论文两部分。论著部分为单行出版的著作、收入丛书中的著作和附录于他书的著作,论文则收录发表于报刊的文章。年代上起秦汉,下至当代。论著部分的编排方法是以朝代先后为序。同一朝代的著作以笔画多少为序。论文部分则以篇名的笔画多少为序,内容包括书论、书评、字体、史传、著录、教材、器具、杂著等。见于古今书目著录但已散佚或仅存断简残编者未收，实为憾事。每一条目各有解题一篇，内容为书名（篇名）、别名、卷数、类别、作者。然后是作者小传、论著内容提要、版本等。前有目录，后有篇名笔画索引、作者笔画索引、篇名音序索引。此书是继《书画书录解题》之后的一部重要的书法学论著解题书目，基本包括了古今重要的书学论著，对于了解书法和书法学历史与文化具有指导意义。《简明中国手工纸（书画纸）及书画常识辞典》，刘仁庆编著。中国轻工业出版社 2008 年出版。这是一部查找中国古代文房四宝之一——纸张及书画知识的工具书。有 1,000 多个词条，包括古书用纸、书画用纸、书画知识、书画家、书画技法以及笔、墨、砚等文房用具，纸张条目比较全面，是全书的重点。前有汉语拼音检索、汉字笔画检索，后有汉字词目索引，按汉语拼音顺序排列，使用起来比较方便。后附参考文献和中国书画的题款使用表，有干支、太岁纪年、月份的不同称呼等。本辞典可参考作者的《造纸辞典》（中国轻工业出版社 2006 年版）和《中国书画纸》（中国水利水电出版社 2007 年版）来读。

　　6. 礼俗

　　读古书会经常遇到很多古代礼俗问题，通过如下专门辞典可以解决部分问题。

　　《中国风俗大辞典》，霍松林等编，中国和平出版社 1991 年出版。分节令、习俗、饮食、游艺、礼仪、世情、服饰、人事等十个门类，500 多个词目。《中国古代礼俗辞典》，许嘉璐主编，中国友谊出版公司 1991 年出版。本辞典收词范围仅限与古代礼制、风俗有关的语汇。分为服饰类、饮食类、居住类、行路类、交往类、姓名字号类、节日类、军事类、区划类、职官类、刑法类、教育类、科举类等，后有笔画索引和音序索引。《中国风俗辞典》，叶大兵、乌丙安主编，上海辞书出版社 1990 年出版。收词目 12,157 条，分总类、岁时、节日、婚姻、生育、寿诞、交际、礼仪、服饰、饮食、居住、娱乐等 19 类。《中国风俗小辞典》，陈勤建主编，上海辞书出版社 2008

出版。

7. 戏剧、曲艺

《中国戏曲曲艺词典》，上海艺术研究所、中国戏剧家协会上海分会编，上海辞书出版社1981年出版。中型戏曲曲艺专业词典。共收词目五千条左右，分为"总类"、"古代戏曲、曲艺名词术语"、"近代、现代戏曲、曲艺名词术语"、"戏曲声腔剧种、曲艺曲种"、"古代戏曲、曲艺作家、作品、演员"、"近代、现代戏曲、曲艺作家、作品、演员、团体"六个类目。附有传统戏曲脸谱、服装及古代戏曲、曲艺文物彩色插图若干幅，附有笔画查词表、分类词目表可供检索。戏剧、戏曲作品是中国传统艺术，相关作品和文献也很多，了解、学习中国传统文化，不能不知道戏剧、戏曲。《中国大百科全书·戏剧》、《中国大百科全书·戏曲曲艺》分卷也提供了有关戏剧、曲艺方面的专业知识，本书第五讲书目部分也列举了一些相关书目，可以参考。

8. 专书辞典

《四库全书大辞典》，杨家骆编，民国二十一年（1932）商务印书馆出版。以《四库全书总目》中的书名、人名为词条，共17,000多条。书名条目内容包括卷数、撰人、内容提要、版本、所在部类等。人名条目包括著作名称、时代、籍贯、履历、事功、言行、《四库全书》之外之著作等。附录《四库全书》概述及索引三种，第一种为助检表，收各书的繁名、简名、通名、别名、次名、附名、人名之原名、改名、别字别号、谥号及《四库全书》未收书名等。第二种为笔画索引，第三种为拼音字母索引。可以视为《四库全书总目》的改编本。又有中国书店1987年影印本。此外有《孙子兵法大辞典》，古棣、戚文主编，上海科普出版社1994年出版。《三国演义辞典》，沈伯俊、谭良啸编著，巴蜀书社1989年出版，《四大奇书辞典》之一。《金瓶梅大辞典》，黄霖主编，巴蜀书社1991年出版，《四大奇书辞典》之一。《水浒传辞典》，沈伯俊编著，辽海出版社出版。《西游记辞典》，曾上炎编著，河南人民出版社1994年出版。《红楼梦大辞典》，冯其庸、李希凡主编,文化艺术出版社 1990 年出版。《红楼梦鉴赏辞典》,孙逊、孙菊园著,上海辞书出版社 2011 年出版。《西厢记鉴赏辞典》,贺新辉、朱捷编著.中国妇女出版社 1990 年版。另有《十三经大辞典》《世说新语辞典》《文心雕龙辞典》等等。

第五讲　从"四大千卷"到"十通"

——中国古代的"百科全书"、典制汇编

　　中国书史上有"四大千"和"一大万"的说法,"四大千"指的是宋代的三部大的类书《太平御览》《册府元龟》《文苑英华》,加上清代的《全唐文》,每部都是一千卷。"一大万"指的是清代类书《古今图书集成》,全书一万卷。又有唐代四大类书、宋代四大类书之说,唐代四大类书指的是《北堂书钞》《艺文类聚》《初学记》和《白氏六帖》,宋代四大类书一般是指《太平御览》《册府元龟》《太平广记》和《文苑英华》。但是,《太平广记》在《四库全书》中入子部小说家类,《文苑英华》入集部总集类,《燕京大学图书馆目录初稿·类书之部》也未收《文苑英华》。有人把《太平御览》《册府元龟》《太平广记》和《玉海》作为宋代四大类书。所以,类书有综合性类书,也有专门性的类书,有时又与其他部类相互交叉。

　　类书被称为中国古代的百科全书。其实类书和百科全书是既有联系又有区别的。相似之处都是分门别类,汇聚百家,但百科全书具有辞书性质,而类书是资料汇编。百科全书重诠释,类书重资料。编纂类书的主要工作是分门别类地征引、抄录、汇集原始文献,小到字词、文句,大到篇章乃至整部书,如明代的《永乐大典》。而类书所征引的这些内容,有的随着古籍的失传而失传,却被类书保留了下来,有的由于征引的古籍底本比较古老而且珍贵,所以,类书又具有校勘和辑佚的价值。类书征引、抄录的资料或注明出处,或不注出处,然后按照一定的方法编排成书,其保存文献的功能是百科全书所不具备的。

要了解什么是类书,都有哪些类书,其内容和编排体例如何,需要查考有关文献学著作和书目,检索则主要利用索引。

一、《中国古代的类书》——类书简介

胡道静著,中华书局1982年版。共六章,介绍类书的性质、起源及类型,类书的作用、反作用和特殊作用,对自曹魏时《皇览》以下至北宋的重要类书都有较为详细的介绍,便于我们了解类书和使用类书。《类书流别》,张涤华著。初版于民国三十二年(1943),以商务印书馆1958年版易见。从义界、缘起、体制、盛衰、利病、存佚等六个方面介绍类书的来龙去脉和存佚情况,对绝大多数类书都有涉及。后附类书书名索引,便于检索。《燕京大学图书馆目录初稿·类书之部》,邓嗣禹编。民国二十四年(1935)燕京大学图书馆出版。是著录类书比较全面的目录。分为类事门、典故门、博物门、典制门、姓名类、稗编门、同异门、鉴戒门、蒙求门、常识门等十类,每类又细分为若干类属,著录燕京大学图书馆收藏的316种类书,其中附录37种。每一种都有提要一篇,著录书名、卷数、著者、版本、内容、类目等。后附类书门类引得,以类目为词目,把具有相同门类的类书罗列于下,并分别标明所在卷数。索引配有笔画检字和拼音检字,便于使用。此目"典制门"将政书如"十通"也纳入,收录范围有些过宽。另外,各种书目都有类书类,一般分在子部内。

二、唐代四大类书

《北堂书钞》,一百六十卷。隋虞世南编。作者为隋末唐初人,所以《北堂书钞》被划归为唐代类书。分为帝王、后妃、政术、刑法、封爵、设官、礼仪、艺文、乐、武功、衣冠、仪饰、服饰、舟、车、酒食、天、岁时、地等十九部,八百五十二类。引用古书集部之外就有八百多种,多数已经失传。体例为每一类下摘引原文字句作标题,标题之下征引古籍,注明出处。以清光绪十四年(1888)南海孔氏校注三十有三万卷堂影宋刊本比较通行,中国书店1989年据以影印,2003年清华大学出版社影印出版了由董

治安主编的《唐代四大类书》，包括了《北堂书钞》《艺文类聚》《初学记》和《白氏六帖》。《艺文类聚》一百卷，唐欧阳询等奉唐高祖李渊之命编。分天、岁时、地、州、郡、山、水、帝王、后妃、储宫、人、礼、乐、职官、封爵、治政、刑法、杂文、武、军器、居处、产业、衣冠、仪饰、服饰、舟车、食物、杂器物、巧艺、方术、内典、火、药香草、宝玉、百谷、布帛、果、木、鸟、兽、鳞介、祥瑞等四十四部，七百二十七个子目。先列相关故事，再引诗文，注明出处。所引用的经、史、子、集四部文献达一千四百三十多种，绝大多数都已失传。宋代编《文苑英华》，就曾利用此书，清代以后学者也利用此书进行校勘、辑佚等工作。有宋绍兴刻本，1959年中华书局据以影印，1965年中华书局出版校点本，后有书名和人名索引。《初学记》三十卷，唐徐坚等奉敕撰。唐代官修类书。唐玄宗李隆基为皇子求学作文时查事用典便利，命徐坚等仿《艺文类聚》体例编此书，故名《初学记》。分为天、岁时、地、州郡、帝王、中宫、储宫、帝戚、职官、礼、乐、人、政理、文、武、道释、居处、器物、服馔、宝器、果木、兽、鸟等二十三部，三百一十三子目。体例为先"叙事"，皆为历史故事；次"事对"，为对偶式典故；后诗文，选录与本题相关的诗文佳作为范文。皆注明出处。有明嘉靖十年（1531）安国桂坡馆刻本，清乾隆内府刻《古香斋袖珍十种》本。1962年中华书局点校本，配有索引一册，可供检索。《白氏六帖》三十卷，唐白居易撰。原名《白氏六帖事类集》或《白氏六帖类聚》，简称《白帖》《六帖》，又名《经史事类》《事类集要》。此书可能为当时诸生应试而编。卷首有总目，共二百三十五目，分一千三百六十七门，附小目五百零三个。总目如下：天、地、日、月、星辰、云、雨、雷、四时、节、腊、山、水、川泽、丘、陵、溪、洞、江、河、淮、海、泉、池、宝货、布、帛、京都、邑居、道路、郊、野、封疆、馆驿、楼、阁、仓、库、舟、车、衣服、印绶、刀、剑、器物、裯褥、笔砚、纸、墨、酤榷、饮食、酒、肉、醢、醯、茶、盐、蜜、酪、米、面、柴、草、炭、宗亲、奴婢、人状貌、贵贱、隐逸、杂举措、孝行、情性、忠、义、智谋、仁、信、贞、俭、恭慎、傲慢、勇、壮、言语、视听、律吕、医、相、书、算、图画、方药、博弈、宾、旅、干谒、朋友、推荐、离别、赠祝、庆贺、馈遗、奉使、帝德、朝会、宫苑、皇亲、制诏、图书、表奏、对见、谏争、理道、清廉、贪浊、暴政、威名、俸禄、举选、刑法、断狱、拷讯、议谳、改制、赃贿、冤狱、赏赐、战功、谏臣、田宅、车服、杂器物、封建、嗣荫、军旅、出征、战阵、训练、救援、献捷、伏兵、险阻、戎狄、资粮、屯田、用兵、戎服、兵器、险固、防备、礼仪、享宴、冠礼、乡饮酒、上寿、养老、致仕、乐、制乐、知音、六代四夷乐、杂戏、歌、舞、哭、踊、吊、葬、坟墓、忌日、祭祀、蒸荐、宗庙、木社、地祇、释奠、杂祀、职官、户口、征赋、贡献、储蓄、均输、劝农、开垦、耕耘、收获、农器、百谷、丰稔、商贾、功（工）巧、材木、胶、皮、染练、金冶、土工、畋猎、陷阱、网罟、射、文、武、鸟、兽、草木、杂果。每目之下，摘录唐前文献中的成语典故，诗文佳句，偶注出处，不明出处者，南宋晁仲德为其逐一考补加注。有宋绍兴刻本、民国二十二年（1933）影印本、《唐代四大类书》本。南宋末年与《孔氏六帖》合刻，即《唐宋白孔六帖》，简称《白孔六帖》。《孔氏六帖》三十卷，原名《六帖新书》，又称《后六帖》，简称"孔帖"，南宋初年孔传为续《白帖》而作，仿《白帖》体例，分为一千三百七十一门，摘录唐、五代文献而成，引书一百六十多种，刻于宋乾道二年（1166）。南宋末年与《白帖》合刻，成《唐宋白孔六帖》。《唐宋白孔六帖》一百卷，简称《白孔六帖》，以《白帖》为主，将《孔帖》各类附于白帖各类之下，先列《白帖》，后列《孔帖》，以白文"白"字、"孔"字为别。分为一千三百九十九门，比《白帖》多三十二门，比《孔帖》多二十八门。自此，《唐宋白孔六帖》开始流行。有明刻本、清《四库全书》本及其影印本等。

三、宋代四大类书

《太平御览》一千卷，《目录》十五卷。宋李昉等奉敕撰。初名《太平类编》、《太平编类》，后改名为《太平御览》，简称《御览》。北宋官修"四大书"之一，书史"四大千"之一，"宋代四大类书"之一。成书于太平兴国八年（983）。此书分五十五部，五千三百六十三类，附录六十三类，共计五千四百二十六类。五十五部依次为天、时序、地、皇王、偏霸、皇亲、州郡、居处、封建、职官、兵部、人事、逸民、宗亲、礼仪、乐、文、学、治道、刑法、仪式、服章、服用、方术、疾病、工艺、器物、杂物、舟、车、奉使、四夷、珍宝、布帛、资产、百谷、饮食、火、休征、咎征、兽、木、竹、果、菜茹、香、药、百卉等。每类下面按经、史、子、集顺序编排，先举书名，次录原文。《御览》是现存古类书中保存五代以前文献最多者，引书比较完整。主要辑录于前代类书《修文殿御览》《艺文类聚》《文思博要》等书。卷首载《太平御览经史图书纲目》，共列引用书一千六百八十九种，尚未包括古诗、赋、铭、箴、杂书等。范希曾《书目答问补正》称《御览》引书二千八百多种，马念祖《水经注等八种古籍引用书目汇编》称《御览》引用书为二千五百七十五种，多已亡佚。《御览》有宋刻本，藏日本静嘉堂文库，《四部丛刊三编》据以影印，1960年中华书局又据《四部丛刊三编》本影印，比较常见。检索《御览》，可使用钱亚新《太平御览索引》和聂崇岐《太平御览引得》。

《册府元龟》一千卷，《目录》十卷，音义十卷，宋王钦若、杨亿等奉敕撰。初名《历代君臣事迹》。北宋官修"四大书"之一，"宋代四大类书"之一，书史"四大千"之一。大中祥符六年（1013）成书。分为帝王、闰位、僭伪、列国君、储宫、宗室、外戚、宰辅、将帅、台省、邦计、宪官、谏诤、词臣、国史、掌礼、学校、刑法、卿监、环卫、铨选、贡举、奉使、内臣、牧守、令长、宫臣、幕府、陪臣、总录、外臣等三十一部，一千一百零四门。每部有总序，每门有小序一篇，概述本门大意。采录上古至五代时期君臣故事，以年代先后为序编排。取材以正史为主，兼采经、子、集部书，不收小说、杂书。辑录和保存的资料，用的都是宋以前的版本，所以，校勘价值很高；尤其是正史，可以用来校勘宋以后本。有宋刻本，藏日本静嘉堂文库，1989年中华书局据以影印。此前比较常见的是1960年中华书局据明刻本影印的版本。前有总目、卷目，后有类目索引。《册府元龟》的缺点是引书不注出处，不好查找。日本学者宇都宫清吉、内藤戊申合编有《册府元龟奉使部外臣部索引》，日本昭和十三年（1938）日本东方文化研究所出版，以康熙十一年（1672）重印本为底本，将奉使部、外臣部中的人名、国名、地名、称号、官名、部族名等一一采录，注明所在卷数、门类、页数、行数，最后为参考项，注明引文出处，便于查找引书，可作为引书索引来用。《索引》按笔画排检，有笔画检字，以及罗马拼音法检字。

《太平广记》五百卷，《目录》十卷，宋李昉等奉敕撰。"宋代四大类书"之一。成书于太平兴国六年（981）。取材于汉至宋初的野史、小说及释、道、杂著。分五十五部，九十余类，一百五十余小类。类目有神仙、女仙、道术、方士、异人、异僧、释证、报应、征应、定数、感应、谶应、名贤、廉俭、气义、知人、精察、俊辩、器量、贡举、铨选、职官、权倖、将帅、骁勇、豪侠、博物、文章、才名、儒行、乐、书、画、算术、医、相、伎巧、博戏、器玩、酒、食、交友、奢侈、诡诈、谄佞、谬误、治生、偏急、诙谐、妇人、情感、童仆、梦、冢墓、铭记、雷、雨、山、石、水井、宝、草木、龙、虎、畜兽、狐、蛇、禽鸟、水族、昆虫、杂传记、杂录等，个别类目还有附录。每一类包括若干人物故事，基本以人、物名字为题目，然后是故事原文，末尾注明出处。书前有引用书目，列举引用书三百四十五种。据《太平广记引得》统计，实际引书四百七十五种，有大半失传。燕京大学图书馆引得编纂处的《太平广记篇目及引书引得》，中华书局1982年、1996年出版的《太平广记索引》等均可用来检索。

《文苑英华》一千卷，宋李昉等奉敕撰。宋太宗雍熙四年（987）成书。与《太平御览》《册府元龟》《太平广记》并称"宋代四大类书"。收录南朝梁至五代二千二百多名作家近两万篇作品，唐代作家作品占十分之八九。按文体分为赋、诗、歌行、杂文、中书制诰、翰林制诰等三十八类，每类又按题材细分，如赋类又分天象、岁时、地、水、帝德、京都等四十二小类。《四库全书》入集部总集类，有其道理，但如果将文体与题材倒置，便是类书，所以，又被称为"宋代四大类书"之一，是保存古代诗文的资料宝库。此书的价值在于成书于北宋，所依据的诗文集皆为宋以前版本，引用的诗文有的已经失传，所以有很高的校勘和辑佚价值。有1966年中华书局影印本，附《作者姓名索引》。

四、《玉海》及其他唐、宋、元代类书

《玉海》二百卷,宋王应麟撰。宋代重要类书之一。有人将其与《太平御览》《册府元龟》《太平广记》并称"宋代四大类书"。分天文、律宪、地理、帝学、圣制、艺文、诏令、礼仪、车服、器用、音乐、学校、选举、官制、兵制、朝贡、宫室、食货、兵捷、祥瑞二十一部,每部各分子目,共二百四十余类。征引丰富,经、史、子、集、百家传记,无所不具,艺文部对宋代政府文献编纂和出版事业记载尤详,且多采集实录、国史、日历等原始文献,一一注明出处,是研读宋史的重要参考书。卷末附王应麟自著《辞学指南》等多种。有元至元六年(1269)庆元路儒学刻、明代国子监递修本,《四库全书》本,江苏古籍出版社、上海书店 1987 年影印光绪浙江书局刻本,比较易见。

唐前及唐宋金元重要类书列表

（根据《燕京大学图书馆目录初稿·类书之部》）

书名	卷数	作者	版本
锦带书	1	梁 萧统	《津逮秘书》本
古今同姓名录	2	梁 孝元皇帝 唐 陆善经 元 叶森	《函海》本
岁华纪丽	4	唐 韩鄂	《津逮秘书》本
小名录	不分卷	陆龟蒙	《唐人百家小说》本
侍儿小名录	不分卷	陆龟蒙 宋 王铚	同上
文馆词林	1000	许敬宗	《古逸丛书》本
龙筋凤髓判	4	张鷟	《湖海楼丛书》本
元和姓纂	10	林宝	清光绪六年金陵书局刊本
帝王经世图谱	16	宋 唐仲友	清钱塘瞿世英清吟阁刊本

锦绣万花谷	前集 40 后集 40 续集 40	佚名	明嘉靖十五年(1536)刻本
古今事文类聚	前集 60 续集 28 别集 32 新集 36 外集 15 遗集 15	祝穆	乾隆二十八年(1763)积秀堂刊本
记纂渊海、补遗	100	潘自牧 明 王嘉宾	明万历七年(1579)刊本
群书考索 (一名《山 堂考索》)	前集 66 后集 65 续集 56 别集 25	章俊卿	明正德三年(1508)慎独书斋刻本
古今合璧 事类备要	前集 69 后集 81 续集 51 别集 94 外集 66	谢维新	明嘉靖三十五年(1556)刻本
古今源流至论	前集 10 后集 10 续集 10 别集 10	林駉 黄履翁	元刊本
事类赋	30	吴淑	清乾隆二十九年(1764)剑光阁刊本
诗律武库	前集 15 后集 15	吕祖谦	《金华丛书》本
永嘉八面锋	13	佚名	《湖海楼丛书》本

汉隽	10	林钺	清道光十年(1830)南城胡氏重校刊本
海录碎事	22	叶廷珪	明万历间刊本
小学绀珠	10	王应麟	巾箱本
全芳备祖	前集27 后集31	陈景沂	民国二十二年(1933)燕京大学图书馆抄本
事原	1	刘孝孙	《学海类编》本
事物纪原	10	高承	《惜阴轩丛书》本
历代制度详说	15	吕祖谦	《续金华丛书》本
重广会史	100	佚名	日本昭和三年(1928)影宋本
补侍儿小名录	1	王铚	《稗海》本
续补侍儿小名录	1	温豫	同上
侍儿小名录拾遗	1	张邦几	同上
自号录	1	徐光溥	《十万卷楼丛书》三编本
古今姓氏书辨说	40	邓名世	清《守山阁丛书》本
姓氏急就篇	2	王应麟	《玉海》本
姓解	3	邵思	《古逸丛书》本
清异录	2	陶穀	清光绪元年(1875)陈氏庸间斋重刻本
鸡肋	1	赵崇绚	《宋人百家小说》本
縠玉类编	50	汪兆舒	清乾隆二十三年(1758)宝履堂刊本
增广分门 类林杂说	15	金王朋寿	民国九年(1920)吴兴刘氏嘉业堂刊本
汉唐事笺	前集12 后集8	元 朱礼	《粤雅堂丛书》本
韵府群玉	20	阴时夫	清文光堂重刊本

五、《永乐大典》——中国古代最大的类书

《永乐大典》二万二千八百七十七卷,《目录》六十卷。明解缙等奉敕编。初名《文献大成》。成书于永乐六年(1408),是中国古代最大的类书。收录典籍七八千种,约三亿七千万字,一万一千零九十五册。采取"用韵以统字,用字以系事"的编排方法,按《洪武正韵》分部,以单字为目,每字先注反切音,然后引用韵书、字书对该字的反切、释义,楷、篆、隶、行、草书等字形,最后分类罗列各种文献里与该字有关的内容,是《永乐大典》内容的重点所在。引书名用朱笔,非常醒目,特点是版本宽大,全部手抄,极其工整,赏心悦目,大段、甚至整书抄录原书内容,而且皆为明以前旧本。《永乐大典》明末以来陆续亡佚,要了解《永乐大典》,可以借助《永乐大典目录》。《永乐大典》虽然残缺不全了,但是还有《永乐大典目录》六十卷传世,有清道光年《连筠簃丛书》本,可借以了解《永乐大典》纂修之凡例及各卷之概貌。现存《永乐大典》由中华书局1960年影印出版730卷,线装20函202册;1985年中华书局续影印出版67卷线装2函20册,上海辞书出版社2003年影印出版《海外新发现永乐大典》17卷。台湾等地区也曾收集、影印过现存的《永乐大典》,但收录数量都不及中华书局影印本。现存的《永乐大典》还不止此,仍有部分《永乐大典》残本散落在国外,还有继续发掘、整理的必要。清代学者利用残存的《永乐大典》进行辑佚,其中有一部分辑佚书收进了《四库全书》。现代学者也不断发掘这个文献宝库,利用仅存的《永乐大典》残本进行辑佚和校勘工作,也取得了部分成果。借助《永乐大典索引》,可迅速查到现存《永乐大典》引书及引书的作者情况。本索引由栾贵明编,作家出版社1997年出版。

明代重要类书列表（根据《燕京大学图书馆目录初稿·类书之部》）

书名	卷数	作者	版本
群书集事渊海	47	佚名	明正德八年（1513）刊本
喻林	120	徐元太	明刊本
天中记	60	陈耀文	明刊本
山堂肆考	228	彭大翼	明万历四十七年（1619）刊本
补遗	12		
汇书详注（一名《汇苑详注》）	36	邹道元	明万历梅野石渠阁刊本
唐类函	200	俞安期	明万历德聚堂刊本
文苑汇隽	24	孙丕显	明刻本
刘氏鸿书	108	刘仲达	明万历间刻本
学海君道部	240	饶申	明刊本
目录	8		
重出干名录	3		
图书编	127	章潢	明天启间刻本
潜确居类书（一名《潜确类书》）	120	陈仁锡	金阊映云草堂刊本
骈语雕龙	4	游日章	《宝颜堂秘笈》本
诗隽函类	150	俞安期、梅鼎祚	明万历三十七年（1609）刊本
茹古略集	30	程良孺	明崇祯六年（1633）韵楼刊本
书叙指南	20	任广	明嘉靖六年（1527）刊本
翰苑新书	前集12后集7续集8别集2	佚名	明仁寿堂刊本

群书备考(一名《重订袁了凡注释群书备考》)	8	袁黄、叶世俭	金阊叶崑池据清康熙二年(1663)吴门鸣凤堂重刊本
增订二三场群书备考	4	袁黄、沈昌世、徐行敏	明崇祯十五年(1642)序,大观堂刊本
两汉隽言	16	林钺、凌迪知	八杉斋刊《文林绮绣》本
修辞指南	20	浦南金	明嘉靖三十六年(1557)五乐堂刊本
左国腴词	8	凌迪知	清光绪八年(1882)八杉斋刊《文林绮绣》本
楚骚绮语	6	张之象	同上
太史华句	8	凌迪知	清光绪十一年(1885)八杉斋刊《文林绮绣》本
文选锦字	21	同上	同上
卓氏藻林	8	卓明卿	清道光二十七年(1847)艺圃刊本
谢华启秀	4	杨慎	小琅环山馆汇刊《类书十二种》本
事文玉屑(一名《群书考索古今事文玉屑》)	24	杨淙	明万历二十五年(1597)南闽叶氏刊本
彭氏类编杂说	6	彭好古	明万历十五年(1587)序刊本
刘氏类山	10	刘胤昌	明万历三十二年(1604)刊本
词林海错	16	夏树芳	明万历刻本
丽句集	6	许之吉	刊本
万斛珠类编	8	王凤洲	海清楼刊本
五车韵瑞	160	凌稚隆	明文茂堂刊本
韵藻	5	杨慎	小琅环山馆汇刊《类书十二种》本
广韵藻	6	方夏	明崇祯十五年(1642)序刊本

圆机韵学活法全书	14	王世贞	明文锦堂刊本
哲匠金桴	5	杨慎	《函海》本
广博物志	50	董斯张	清乾隆二十六年(1761)高晖堂刊本
蟫史集	11	穆希文	明万历十四年(1586)序刊本
名物类考	4	耿随朝	明万历间耿氏家刻本
时物典汇	2	李日华	《四六全书》本
博物典汇	20	黄道周	明刊本
物原	1	罗颀	《续知不足斋丛书》本
事物考	8	王三聘	明隆庆四年(1570)金陵三山书林刊本
经事八编类纂(一名《八编类纂》)	285	陈仁锡	明天启间刊本
经济类编	100	冯琦	明万历三十二年(1604)校刊本
古今好议论	10	吕一经	明崇祯刊本
治平全书(一名《治平略增定全书》)	33	朱健 朱薇	清安康张鹏飞重刊本
广治平略	36	蔡方炳	清小嫏嬛馆刊本
论海	172	蔡和锵	清光绪二十八年(1902)石印本
男子双名记	1	陶涵中	《学海汇编》本
妇女双名记	1	李肇亨	同上
姓汇	4	陈士元	《归云别集》本
姓觹	10	同上	同上
名疑	4	同上	同上
希姓录	5	杨慎	《函海》本
奇姓通	14	夏树芳	明天启四年(1624)刊本
姓氏谱纂	7	李日华	《四六全书》本

万姓统谱 历代帝王姓氏统谱 氏族博考	140 6 14	凌迪知	清《四库全书》本
尚友录	22	廖用贤	清光绪十四年(1888)著易堂排印本
稗编(一名 《荆川稗编》)	120	唐顺之	文霞阁刊本
事词类奇	30	徐长吉	明万历二十一年(1593)序刊本
说略	30	顾起元	明万历四十一年(1613)刻本
说类	62	叶向高	明刊本
表异录	20	王志坚	清光绪二年(1876)跋刻本
纪闻类编	4	窦文照	明万历八年(1580)序刊本
万宝全书	20	陈继儒 毛焕文	清经元堂刻本

六、《古今图书集成》——现存中国古代最大的类书

《古今图书集成》一万卷,目录四十卷,考证二十四卷。清陈梦雷纂辑,清蒋廷锡等奉敕修辑。原名《文献汇编》《古今图书汇编》。是现存的中国古代最大的一部类书,书史上的"一大万"。陈梦雷先于康熙四十五年(1706)完成三千六百余卷,雍正初蒋廷锡奉敕校勘重编,于雍正四年(1726)完成,共一万卷、六汇编、三十二典、六千一百零九部。由内府以铜活字排印六十六部。又有光绪十年(1884)上海图书集成局铅印本,民国二十三年(1934)中华书局影印清内府铜活字印本,1985年中华书局、巴蜀书社影印1934年上海中华书局影印本,精装82册,第1册为目录,第81册为考证,第82册为索引,包括图表索引、人物传记索引、职方典汇考索引、禽虫草木二典释名索引、艺文篇名和作者索引、引书和引书作者索引等,是使用《古今图书集成》的工具。

《古今图书集成》总目(分类表)

序号	汇编	典		部数	卷数	内容
1	历象汇编	1	乾象典	二十一部	一百卷	天文,历法,节令,灾荒,变异等
		2	岁功典	四十三部	一百一十六卷	
		3	历法典	六部	一百四十卷	
		4	庶征典	五十部	一百八十八卷	
2	方舆汇编	1	坤舆典	二十一部	一百四十卷	地理,包括名山大川,全国各省府地理,边疆及外国
		2	职方典	二百二十三部	一千五百四十四卷	
		3	山川典	四百一部	三百二十卷	
		4	边裔典	五百四十二部	一百四十卷	
3	明伦汇编	1	皇极典	三十一部	三百卷	帝王,百官,家族,师友,姓氏,妇女,及人的身体和部位等
		2	宫闱典	一十五部	一百四十卷	
		3	官常典	六十五部	八百卷	
		4	家范典	三十一部	一百一十六卷	
		5	交谊典	三十七部	一百二十卷	
		6	氏族典	二千六百九十四部	六百四十卷	
		7	人事典	九十七部	一百一十二卷	
		8	闺媛典	一十七部	三百七十六卷	

4	博物汇编	1	艺术典	四十三部	八百二十四卷	动植物,农医,鬼神,释道等
		2	神异典	七十部	三百二十卷	
		3	禽虫典	三百一十七部	一百九十二卷	
		4	草木典	七百部	三百二十卷	
5	理学汇编	1	经籍典	六十六部	五百卷	经学,文学,字学与学者等
		2	学行典	九十六部	三百卷	
		3	文学典	四十九部	二百六十卷	
		4	字学典	二十四部	一百六十卷	
6	经济汇编	1	选举典	二十九部	一百三十六卷	经世济民,治国安邦之道,包括选举人才,官制,政治,教育,经济,音乐,军事,律令,刑法,以及器物制造之考工等
		2	铨衡典	一十二部	一百二十卷	
		3	食货典	八十三部	三百六十卷	
		4	礼仪典	七十部	三百四十八卷	
		5	乐律典	四十六部	一百三十六卷	
		6	戎政典	三十部	三百卷	
		7	祥刑典	二十六部	一百八十卷	
		8	考工典	一百五十四部	二百五十二卷	
总计	6	32		6117	10000	

清代重要类书列表

书名	卷数	作者	版本
渊鉴类函	450	张英等	民国十五年(1926)同文书局印本
类书纂要	33	周鲁	清康熙三年(1664)姑苏三槐堂刊本
类腋 补遗	55 1	姚培谦 张隆孙	清道光二十四年(1844)瞻云阁重刊本

广事类赋	40	华希闵	清乾隆二十九年(1764)剑光阁刊本
续广事类赋	30	王凤喈	清嘉庆十三年(1808)宝翰楼刊本
广广事类赋	32	吴世旃	同上
事类赋统编	93	黄葆真	清道光二十九年(1849)聚盛堂刊本
古事苑	16	邓志谟	清康熙二十五年(1686)兰雪堂刊本
类林新咏	36	姚之骃	清康熙四十六年(1707)进呈刊本
行厨集	18	李之旂 汪建封	清康熙二十九年(1690)序刊本
行厨新集	100		清乾隆九年(1744)清畏堂刊本
留青采珍集	24	陈枚	清康熙四十二年(1703)金闾宝翰楼刊本
留青新集	30	同上	清凭山阁刊本
艺林汇考	40	沈自南	清康熙初刊本
考古类编	12	柴绍炳	清乾隆二十三年(1758)敦化堂重刊本
文选课虚	4	杭世骏	《杭氏七种》本
分类字锦	64	何焯	清内府刊本
子史精华	160	允禄、 吴襄等	清雍正五年(1727)内府刊本
五经类编	28	周世樟	清雍正二年(1724)縠诒堂刊本
十三经注疏锦字	4	李调元	《函海》本
四书典制类联音注	33	阎其渊	清光绪二年(1876)岛山草堂重复校刊本
四书五经类典集成	34	戴兆春	清光绪十四年(1888)同文书局石印本
类纂精华	30	高大爵	清乾隆二十三(1758)年刻本

方言藻	2	李调元	《函海》本
千金裘二集	27 26	蒋义彬、 徐元麟	清嘉庆二十三年（1818）三径山房 刻本
诗韵合璧	5	汤文璐	清光绪十一年（1885）文英堂刊本
灵檀碎金	68	郎玉铭	清光绪八年（1882）申报馆铅印本
佩文韵府拾遗	106	张廷玉等	清内府刻本、广东翻刻本
骈字类编	240	张廷玉等	清内府刻本、光绪十三年（1887）上海 同文书局石印本
读书纪数略	54	宫梦仁	清康熙四十六年（1707）家刻本
奇耦典汇	36	梅自馨	清同治十三年（1874）敦厚堂刊本
齐名记数	12	王承烈	清嘉庆十八年（1813）环山楼刊本
古今疏	15	朱虚	清顺治十四年（1657）万卷楼刊本
三才藻异	33	屠粹忠	清康熙二十八年（1689）序刻本
格致镜原	100	陈文龙	清雍正十三年（1735）刊本
小知录	12	陆凤藻	清嘉庆九年（1804）琴雅堂刻本
世守拙斋识小编	10	范濂	清光绪二十二年（1896）家刻本汪汲
壹是纪始 补遗	22 1	魏崧	清光绪十七年（1891）京都文奎堂 印本
古今类传岁时部	4	董毂文 董炳文	清康熙三十一年（1692）序刊本
新增月日纪古	12	萧智汉	清听涛山房刊本
月令萃编	24	秦嘉谟	嘉庆十七年（1812）琳琅仙馆刊本
方舆类聚	16	福申	清道光十二年（1832）羊城芸香堂 刊本
玉谱类编	4	徐寿基	清光绪十五年（1889）源阳官署刊本

皇朝掌故汇编	100	张寿镛	清光绪二十八年(1902)求实书社铅印本
皇朝政典类纂	500	席裕福	清光绪二十九年(1903)图书集成局铅印本
历代同姓名录	23	刘长华	清同治十年(1871)刊本
九史同姓名略 补遗	72 4	汪辉祖	清《广雅丛书》本
辽金元三史同姓名录(一名《三史同姓名录》)	40	同上	同上
乐府侍儿小名录	1	李调元	《函海》本
氏族笺释	8	熊峻运	刊本
史姓韵编	64	汪辉祖	清光绪十年(1884)耕余楼书局聚珍版印本
尚友录续集	22	退思主人	清光绪二十六年(1900)著易堂校刊铜版本
增广尚友录统编	22	应祖锡	清光绪二十八年(1902)鸿宝斋石印本
宋稗类钞	8	潘永因	清刊本
宋人小说类编 补编	4 1	徐曼	清同治十年(1871)刊本
清稗类钞	48	徐珂	民国六年(1917)商务印书馆印本
古事比	52	方中德	清康熙四十五年(1706)刻本
事物异名录	38	厉荃	清乾隆粤东刻本
同书	4	周亮工	清顺治六年(1649)自序刊本
续同书	8	福申	清道光七年(1827)刻本
人镜集	54	孟云峰	清咸丰元年(1851)鹤山堂刻本
人寿金鉴	22	程得龄	清嘉庆二十五(1820)年序刻本

人镜类纂	46	程之桢	清同治十二年(1873)江夏程氏刻本
坊表录	16	苏宗经	清光绪十六年(1890)家刻本
中道全书	62	谢维新	清宣统二年(1910)中道斋刻本
记事珠	10	张以谦	清嘉庆二十一年(1816)知不足轩刊本
重订致富全书	4	陶朱公	民国七年(1918)新学会社铅印本

七、从"三通"到"十通"——查典故、典章制度的工具

"十通"是《通典》《通志》《文献通考》《续通典》《续通志》《续文献通考》《清朝通典》《清朝通志》《清朝文献通考》《清朝续文献通考》等十部政书的合称。是记载历代典章制度及其沿革的著述,约等于各种规章制度的汇编。

1."三通"

"三通"即《通典》《通志》《文献通考》。"三通"是重要典籍,历史上影响很大,古人有"士不读三通,是为不通"之说,今人把"三通"列入影响中国的 100 本书之中。在《四库全书》中,《通典》《文献通考》属于史部政书类,《通志》属于史部别史类。史部政书类所收书,据《四库全书总目》政书类小序,称此类文献是"后鉴前师,与时损益者,是为前代之故事"以及"国政朝章",就是分门别类汇编历朝或一朝有关政治、经济、军事、文化典章制度的文献,具有资料汇编的性质,与类书有相近之处,所以,一般把它作为工具书看待。政书类除了《通典》《文献通考》及续书外,还收有会要、会典、礼制、谥法、宫史、兵制、马政、律例、典章、祖训、陵寝、贡举、盐法、海运、漕运、救荒、财政等文献。本讲只介绍《通典》《通志》及续书、别史类的《通志》及续书的内容和使用方法。

《通典》二百卷,唐杜佑撰。"十通"之首。被称为现存的中国第一部

体例完备的政书,典章制度类的通史,是在唐刘秩《政典》基础上增补而成。分为九典,计食货典十二卷、选举典六卷、职官典二十二卷、礼典一百卷、乐典七卷、兵典十五卷、刑典八卷、州郡典十四卷、边防典十六卷,又分子目1,500多个。食货典分为田制,乡党土断、版籍并附,赋税,历代盛衰户口,钱币,漕运,鬻爵,轻重、平籴、常平、义仓等门。选举典分为历代制(考绩),杂议论等门。职官典分为三老五更,宰相并官属,尚书,御史台,诸卿少卿附,武官,东宫官,历代王侯封爵,公主并官属附,州郡,散官,勋官,后妃,俸禄,秩品等门。礼典分为历代沿革礼目录,大唐开元礼,吉礼,嘉礼,宾礼,军礼,凶礼,开元礼纂类等门。乐典分为历代沿革,十二律,五声八音名义,五声十二律旋相为宫,五声十二律相生法,历代制造,权量,八音,乐悬,歌杂歌曲,舞,杂舞曲,清乐,坐立部伎,四方乐,散乐,前代杂乐,郊庙宫悬备舞议,郊庙不奏乐庙诸室别舞议,祭日不宜遍舞六代乐议,舞佾议,宗庙迎送神乐议,散斋不废乐议,临轩拜三公奏乐议,三朝行礼乐失制议,三朝上寿有乐议,三朝不宜奏登歌议,彻食宜有乐议,巴渝舞杂武舞议,皇后乐议,东宫宴会奏金石轩悬及女乐等议,皇帝幸东宫鼓吹作议,国哀废乐议等。兵典分为兵序,法制,料敌制胜,间谍,抚士,示弱,佯败引退取之敌,避锐,以逸待劳,行军下营审择其地,攻其必救先取根本,按地形知胜负,围敌勿周,因机设权,敌无固志可取之等。刑典分为刑制,杂议,肉刑议,详谳,决断、考讯附,守正,赦宥、禁屠杀赎生附,宽恕,囚系,舞紊,峻酷,开元格等。州郡典分为古雍州,古梁州,古荆河州,古冀州,古兖州,古青州,古徐州,古扬州,古荆州,古南越等门。边防典分为东夷,南蛮,西戎,北狄等门。每门按朝代先后排列,汇编自上古至唐天宝末年的土地、财政、选官、爵位、考绩、官制、礼制、乐制、兵略、兵法、刑法、舆地、风俗、周边少数民族等文献资料。《通典》引用了大量唐代及唐代以前的古书,群经、《史记》《汉书》《后汉书》《三国志》以下至《隋书》等正史,诸家文集,唐国史、档案、奏议,及《隋官序录》《隋朝仪礼》《大唐仪礼》《大唐开元礼》《太宗政要》《唐六典》等典制政书不下二百种,很多都已失传,存世的也是唐及唐前的版本,可以进行校勘和辑佚。《通典》开此类政书之先河,对后世有深远影响,以致形成"十通"。有人把《通典》《通志》《文献通考》列入影响中国的 100 本书之中。《通典》的版本有北宋刻本,今藏日本宫内厅书陵部,1980 年日本汲古书院有影印本。国内存宋版及宋刻宋元递修本多部,又有明刻本、清乾隆武英殿"三通"合刻本(附考证)、《四库全书》本等多种;民国二十四年(1935)商务印书馆影印《十通》本、中华书局 1984 年影印本等。使用时可利用商务印书馆编的《十通索引》。

　　《通志》二百卷,宋郑樵撰。《四库全书》入史部别史类,在内容和体例上与《通典》、《文献通考》有所不同,《通志》属于纪传体通史,与《史记》等正史一脉相承,记事上起三皇,下迄北宋,但未入正史之列,而入别史类。《通志》改正史之"表"为"谱",改"志"为"略",其"二十略"之门目为以往史书所无,也是《通志》的精华所在;有部分内容在《通典》基础上增删而成,所以,与《通典》和《文献通考》并称"三通",后人也因此将《通志》作为政书来看待。全书分为帝纪十八卷、皇后列传二卷、年谱四卷、略五十一卷、列传一百二十五卷。略共二十目,依次为氏族略,六书略,七音略,天文略,地理略,都邑略,礼略,谥略,器服略,乐略,职官略,选举略,刑法略,食货略,艺文略,校雠略,图谱略,金石略,灾祥略,草木昆虫略。有些略可与正史的志相对应,有些则为独创。《四库全书总目》指出,其氏族、六书、七音、都邑、草木昆虫五略,为旧史所无,参考唐代刘知几的《史通》而设,改《史通》方物志为草木昆虫略。谥略与器服略取自三《礼》。校雠略、图谱略、金石略参考正史艺文志、经籍志立目,地理略依据《通典》,礼略、乐略、职官略、食货略、选举略、刑法略等也录自《通典》,职官略录自《通典注》。可见《通志》受《通典》影响及渊源关系,将《通志》入"三通"是有根据的。《通志》对后世的影响体现在续书方面,最后与

《通典》《文献通考》的续书一起形成了"十通"。《通志》二十略有王树民点校本,中华书局1995年出版。其艺文略、校雠略对后世校勘学、目录学的发展有很深远的影响。《通志》的版本有元大德刻本,清乾隆武英殿"三通"合刻本、附考证;又有《四库全书》本,民国二十四年(1935)商务印书馆影印《十通》本,中华书局1984年影印本等。使用时可利用商务印书馆编印的《十通索引》。

　　《文献通考》三百四十八卷,元马端临撰。简称《通考》。根据作者自序:"文,典籍也。献,贤者也。"通者,上下古今谓之通。根据典籍记载,据实讨论古今典章制度之历史,所以命名《文献通考》,是继《通典》、《通志》之后规模最大的政书,与《通典》、《通志》合称"三通",为后世系列续书的开山之作。记事自上古至南宋宁宗嘉定末年。分为二十四考:田赋、钱币、户口、职役、征榷、市籴、土贡、国用、选举、学校、职官、郊社、宗庙、王礼、乐、兵、刑、经籍、帝系、封建、象纬、物异、舆地、四裔。《文献通考》是以《通典》为蓝本,兼采经史、会要、传记、奏议等增订而成。从类目的设置和内容上,便能发现《文献通考》与《通典》的渊源关系。其中田赋、钱币、户口、职役、征榷、市籴、土贡、国用诸考门目来自于《通典》食货典,选举、学校考来自于《通典》选举典,职官考来自于《通典》职官典,郊社、宗庙、王礼考来自于《通典》礼典,乐考来自于《通典》乐典,兵考、刑考来自于《通典》兵、刑典,舆地考来自于《通典》州郡典,四裔考来自于《通典》边防典。田赋、钱币、户口、职役、征榷、市籴、土贡、国用、选举、学校、职官、郊社、宗庙、王礼、乐、兵、刑、舆地、四裔等19考内容多沿用《通典》,增补了唐天宝以前、续补了天宝以后的资料。经籍、帝系、封建、象纬、物异等五考为新设门类。与《通典》、《通志》同为研究中国古代典章制度的重要资料汇编,也是研究宋史的重要史料。有元泰定元年(1324)西湖书院刻本,明正德刻本,清乾隆武英殿"三通"合刻本、附考证,《四库全书》本,民国二十四年(1935)商务印书馆影印《十通》本,中华书局1984年影印本等。使用时可利用商务印书馆编的《十通索引》。经籍考为重要的文献学著述，有华东师范大学古籍所校点本，1985 年华东师范大学出版社出版。

2. 续"三通"

包括《续通典》《续通志》《续文献通考》。《续通典》一百五十卷，清嵇璜、刘墉等奉敕撰。乾隆四十八年（1783）成书，为续杜佑《通典》之书，"十通"之一。汇编唐末、宋、辽、金、元、明典章制度沿革资料而成。始于唐肃宗至德元年（756），止于明崇祯十七年（1644）。体例与《通典》相同，分食货、选举、职官、礼、乐、兵、刑、州郡、边防九典。取材于《唐六典》《唐会要》《五代会要》《契丹国志》《大金国志》《元典章》《大明会典》《册府元龟》《太平御览》诸书。可与《续文献通考》相互参读。有清乾隆武英殿刻本，《四库全书》本，清光绪浙江书局刻"九通"本，民国二十四年（1935）商务印书馆影印《十通》本。使用时可利用商务印书馆编的《十通索引》。《续通志》六百四十卷，清嵇璜、刘墉等奉敕撰。乾隆五十年（1785）成书，为续郑樵《通志》之书，"十通"之一。体例仿《通志》，无世家、年谱。包括本纪七十卷，后妃传十卷，列传四百六十卷。内容上接《通志》，下接《明史》。列传比《通志》增加孔氏后裔、贰臣类，删除游侠、刺客、滑稽、货值等类。内容多取材于史书，可与《续文献通考》《续通典》相互参读。版本及使用方法同《续通典》。《续文献通考》二百五十卷，清张廷玉等奉敕撰。简称《续通考》。为马端临《文献通考》续书之一，"十通"之一。成书于乾隆三十二年（1767），内容上接《文献通考》，下讫清代。版本及使用方法同《续通典》。明代王圻也著有《续文献通考》，二百五十四卷，比《文献通考》增加了节义、谥法、六书、道统、氏族、方外等门。年代上与《文献通考》相衔接，上起南宋宁宗嘉定，下至明万历初年，乾隆《续文献通考》多取材于此，清代被列为禁书。有万历刻本，1986 年现代出版社影印本。

3. 清"三通"

《清朝通典》一百卷,清嵇璜、刘墉等奉敕撰。原名《皇朝通典》,简称《清通典》。"十通"之一。成书于乾隆五十二年(1787),体例与《续通典》大致相同,分为九典。内容记清代前期和中期的典章制度。兵典记清代八旗制度,州郡典录自《大清一统志》。主要取材于《大清一统志》《大清会典》《清通礼》《日下旧闻考》等书。与《清文献通考》内容颇多重复,可以互相参读。版本及使用方法同《续通典》。《清朝通志》一百二十六卷,清嵇璜、刘墉等奉敕撰。原名《皇朝通志》,简称《清通志》。"十通"之一。成书于乾隆五十二年(1787),体例与《续通典》大致相同,内容沿续《通志》和《续通志》诸略。艺文、校雠、图谱略取材于《四库全书》的有关内容,其他诸略多取材于《清通典》与《清朝文献通考》。版本及使用方法同《续通典》。《清朝文献通考》三百卷,清张廷玉等奉敕撰。原名《皇朝文献通考》。"十通"之一。成书于乾隆五十二年(1787),记事自清开国至乾隆五十年。分二十六考,与《续通考》相同,只留与清朝有关的类目,增加了八旗田制、银色银值、回都普儿、八旗壮丁、外藩、八旗官学、蒙古王公等门类。取材于国史、实录、起居注、档案、官修诸书、省修志书、个人文集等。《清通典》《清通志》皆取材于此书。版本及使用方法同《续通典》。

《清朝续文献通考》四百卷,近代刘锦藻撰。原名《皇朝续文献通考》,简称《清续通考》。"十通"之一。不在"续三通"和"清三通"之列。民国十年(1921)成书,内容上接《清通考》,记载乾隆五十一年至宣统三年间典章制度沿革。凡三十考,比《清通考》多出外交、邮传、实业、宪政四考。增加了一些新的子目,如洋药、银行、海运、书院、图书、学堂、训政、亲政、陆军、海军、长江水师、船政等新兴名目,可谓与时俱进。有清光绪刊本,民国二十四年(1935)商务印书馆影印《十通》本,中华书局1984年影印本等。使用时可利用商务印书馆编的《十通索引》。

"十通"列表

序号	书名	卷数	作者	通行本	备注
1	通典	200	唐 杜佑	1935—1937 年商务印书馆影印《十通》本	
2	通志	200	宋 郑樵	同上	
3	文献通考	348	元 马端临	同上	以上简称"三通"
4	续通典	150	清 嵇璜、刘墉等	同上	
5	续通志	640	同上	同上	
6	续文献通考	250	清 张廷玉	同上	以上简称"续三通"
7	清朝通典	100	清 嵇璜、刘墉等	同上	
8	清朝通志	126	同上	同上	
9	清朝文献通考	300	清 张廷玉	同上	以上简称"清三通",合其他八"通"称"九通"
10	清朝续文献通考	400	近代 刘锦藻	同上	

4.《十通索引》——检索、利用"十通"的工具书

商务印书馆编,民国二十六年(1937)铅印本,1册,配合商务印书馆影印"十通"合刊本而编印,为"十通"附册,又有浙江古籍出版社 2000 年影印本,含篇目主题索引和分类索引。篇目主题索引以"十通"中的制度、名物、篇章等名词立目,按照四角号码编排,注明在"十通"中的位置。分类索引按照"三通典""三通志""四通考"的范围分为三编,再进行细分,集中揭示同类记述的出处,是便捷使用"十通"的工具书。

第六讲 从《四库全书总目》
到《中国古籍善本书目》

——关于书的书之一

一、关于目录和目录学

古今中外的历史和文化，最主要的载体一是图书，一是文物。书目是专门记录图书的工具书，所以很重要。作为书目，有学者认为"目录"一词见于现存文献中最早的是《汉书》，《汉书·叙传》有"刘向司籍，九流以别，爰著目录，略序洪烈"之语。但是，《汉书》是东汉时期班固的著作，而刘向是目录学的创始人，他编目录的工作是在西汉成帝时期（公元前32—前7）进行的，编目的成果为《别录》，而唐代李善注《文选》引用《别录》中的佚文就有《列子目录》，所以，也可以说，在西汉时期就有了"目录"和出现了书目。

目录一般指书目，但又不止于书目。目录源于书目，书目被其他领域借用，便形成了形形色色的目录，如产品目录、商品目录，进而如名录等，都是从书目衍变而来，说明了目录的重要性，当然也包括书目。

读完一本书需要较长的时间，读完很多书就需要更多的时间，了解一个学科的历史需要读很多很多的书，而书目是最简单的学术史，通过书目可以使我们很快就能了解到一门学科的历史和发展状况。

还有一种比较简单的目录，放在书的开头，是书的纲目，起到提纲挈领，纲举目张的作用，又可以一目了然，便于迅速了解书的内容，和索引的作用一样，可以迅速翻检到自己需要的部分，是了解和读取该书内容的不可缺少的小小工具。

书多了才会编目录，图书在流传过程中，有的失传了，有的存世，通过有关的书目,可以解决这个问题。

通过古代书目,我们可以了解历史上都有过哪些古籍,历代国家和私人藏书的情况。通过现在的公私书目,包括公共图书馆、高校图书馆和其他图书馆的藏书目录,以及私人藏书目录,可以了解哪些古籍还存世,版本情况如何,现藏于何处。通过古今书目对比,我们可以了解书籍的流传过程和存佚情况。

最主要的,书目还是指导我们读书、治学的工具。清代大学者王鸣盛在他的大著《十七史商榷》中曾说:

目录之学,学中第一要紧事,必从此问途,方能得其门而入。

又说:

凡读书最切要者——目录之学。目录明方可读书,不明,终是乱读。

很多学者在谈到治学经历时,往往都谈到书目对他们的影响。清代史学家章学诚在他的名著《校雠通义》的序言中,更把目录学的使命用"辨章学术,考镜源流"八个字来概括,把目录和目录学上升到最高境界。

目录是读书的门径和治学的钥匙,读书和治学一定要学会和善于利用目录这个工具。

就我们的日常学习来说,利用传统的图书馆也好,使用电子图书馆也好,目录都是必需的入门证。

要了解目录和目录学知识,可以阅读目录学方面的著作,如姚明达的《目录学》《中国目录学史》,余嘉锡的《目录学发微》,程千帆、徐有富的《校雠广义·目录编》,来新夏的《古典目录学浅说》,徐有富的《目录学与学术史》,昌彼得、潘美月的《中国目录学》等。还要了解与目录学相关的学问,如文献学、版本学、校勘学、学术史、书籍史等。

书目的编排:

传统的书目,以经、史、子、集四部分类法编排为主,代表和集大成者为《四库全书总目》;后来又增加了丛书部,代表书目为《中国古籍善本书目》。现代人编的现代出版物的书目,主要以《中国图书馆图书分类法》进行分类编排。各个图书馆的目录,也是如此,古籍以经、史、子、集四部分类法编排的居多,个别的以《中国图书馆图书分类法》进行分类编排。

书目的种类:

书目的种类很多,有古籍书目、报刊目录、丛书目录、专书目录、专题书目、解题书目、版本目录、推荐书目、引书目录、书目之书目;还可以进一步划分,如属于古籍目录的有著述目录、收藏书目、官藏书目、私藏书目、馆藏书目,版刻图录、书志、书影;官藏书目有艺文志、经籍志等,馆藏书目又可划分为分类目录、著者目录、书名目录;报刊目录又有杂志目录或期刊目录、报纸目录;按学科划分就更加繁复,如史学书目、文学书目等等。

二、艺文志、经籍志及补志

属于官藏书目,一般正史(纪传体史书)的史志目录称艺文志或经籍志。有的是国家的藏书目录,有的是一代著述目录,有的是著述加藏书目录。艺文志以《汉书·艺文志》为首创,经籍志以《隋书·经籍志》为首例。《汉书·艺文志》材料来源主要据刘歆《七略》,《隋书·经籍志》来源于五代史志(《北齐书》《周书》《梁书》《陈书》《隋书》)和《隋大业正御书目》等。其他正史艺文志、经籍志有《旧唐书·经籍志》,主要根据唐毋煚《古今书录》;《新唐书·艺文志》,主要根据《唐开元四库书目》,又补充进去开元以后唐人的著作;《宋史·艺文志》,主要根据《宋中兴国史艺文志》及《崇文总目》、《中兴馆阁书目》等;《明史·艺文志》,主要根据《千顷堂书目》。《明史·艺文志》、《清史稿·艺文志》收录的主要是明、清两朝的著述。

有一些正史没有艺文志或经籍志,还有一些艺文志、经籍志内容不完备,所以后人陆续进行了补充,形成了一系列补史著作。通过后表可以约略了解历代补正史艺文志、经籍志情况(见"3. 补志")。

1.《汉书·艺文志》

东汉班固撰,《汉书》第三十卷,《汉书》十志之第十。是中国现存最早的史志目录——艺文志的源头。记录的是西汉时期的政府藏书。根据刘歆《七略》改编而成,把《七略》(辑略、六艺略、诸子略、诗赋略、兵书略、数术略、方技略)的七分法变为六分法,为六艺略(易、诗、书、礼、乐、春秋、论语、孝经、小学等九类图书)、诸子略(儒家、道家、阴阳家、法家、名家、墨家、纵横家、杂家、农家、小说家)、诗赋略(赋、杂赋、歌诗)、兵书略(兵权谋、兵形势、阴阳、兵技巧)、数术略(天文、历谱、五行、蓍龟、杂占、形法)、方技略(医经、经方、房中、神仙)等六略,将七略中的"辑略"分散到各类当中,作为总序和每类前后的小序,叙述西汉藏书源流和整理始末,统计每类总数,并叙述学术源流。共收书38种,596家,13,269卷。对每一种书著录书名、篇卷数、作者姓名、籍贯、时代等。所著录的书虽然多已亡佚,但留下了最早的珍贵的记录。在《隋书·经籍志》出现之前,代表了中国古代目录学的最高成就。近人顾实《汉书艺文志讲疏》(上海古籍出版社2009年版)、陈国庆《汉书艺文志注释汇编》(中华书局1983年版),以及今人李致忠的《三目类序释评》(北京图书馆出版社2002年版),是研究《汉书·艺文志》的代表作,可供参考。

2.《隋书·经籍志》

唐魏徵等撰。《隋书》卷第三十二至第三十五,志第二十七至第三十卷。分经、史、子、集四部四十类,附道、佛经两类。经部著录627部,5,371卷;史部著录817部,13,264卷;子部著录853部,6,437卷;集部著录554部,6,622卷;道、佛经2,329部,7,414卷。四部合计2,851部,31,694卷;加上道、佛经共计著录了5,180部,39,108卷。不但著录现存的书,还以小注的形式著录已经亡佚的书。《隋书·经籍志》体例与《汉书·艺文志》相仿,开后世正史经籍志的先河,奠定了后来中国古代四部分类法的基础。后来的四部分类法,直到《四库全书总目》乃至《中国古籍善本书目》的分类，都是在此基础上略作调整而已。唐代是中国古书发展史上的重要时期，雕版印书术的发明和应用，对图书出版具有划时代意义。不但著录现存的书，还以小注的形式著录已经亡佚的书，而很多见于《隋书·经籍志》著录的书，后来都失传了，通过它还可以了解部分信息，对于研究文献的流传意义重大。清人章宗源的《隋书经籍志考证》(清华大学出版社 2012 年版)、今人李致忠的《三目类序释评》(北京图书馆出版社 2002 年版)，是研究《汉书·艺文志》的代表作，可供参考。

3. 补志

补正史经籍志、艺文志(部分)列表

序号	书名	作者	卷数	版本
1	汉书艺文志考证	宋 王应麟	十卷	中华书局 1986 年版
2	汉书艺文志拾补	清 姚振宗	六卷	同上
3	补续汉书艺文志	清 钱大昭	一卷	《二十五史补编》本(下同)
4	补后汉书艺文志	清 侯康	四卷	
5	补后汉书艺文志	清 顾櫰三	十卷	
6	后汉艺文志	清 姚振宗	四卷	
7	补后汉书艺文志并考	清 曾朴	一卷考十卷	
8	补三国艺文志	清 侯康	四卷	
9	三国艺文志	清 姚振宗	四卷	
10	补晋书艺文志	清 黄逢元	四卷	
11	补晋书艺文志	清 秦荣光	四卷	
12	补晋书艺文志	清 丁国钧	四卷	
13	补晋书艺文志	清 文廷式	六卷	
14	补晋书经籍志	清 吴士鉴	四卷	

15	补宋书艺文志	聂崇岐	一卷	
16	补南齐书艺文志	陈述	四卷	
17	隋书经籍志补	清 张鹏一	二卷	
18	隋书经籍志考证	清 姚振宗	五十二卷	
19	隋书经籍志考证	清 章宗源	十三卷	
20	新唐书艺文志补	张固也	四卷	吉林大学出版社1996年版
21	补南北史艺文志	徐崇	三卷	《二十五史补编》本
22	补五代史艺文志	清 宋祖骏		清咸丰刻本
23	补五代史艺文志	清 顾櫰三	一卷	《二十五史补编》本（下同）
24	宋史艺文志补	清 黄虞稷、倪璨撰；卢文弨录	一卷	
25	西夏艺文志	清 王仁俊	一卷	
26	辽艺文志	缪荃孙	一卷	
27	补辽史艺文志	黄任恒	一卷	
28	辽史艺文志补证	清 王仁俊	一卷	
29	金艺文志补录	清 龚显曾		清《亦园脞牍》本
30	补元史艺文志	清 钱大昕	四卷	《二十五史补编》本（下同）
31	补辽金元艺文志	清 黄虞稷撰；卢文弨录	一卷	
32	《补三史艺文志》（辽金元）	清 金门诏	一卷	
33	清史稿艺文志补编	武作成		中华书局1982年版
34	清史稿艺文志拾遗	王绍曾		中华书局2000年版

下面介绍两种比较重要的补志：

《新唐书艺文志补》，张固也著。吉林大学出版社1996年出版。此书是补欧阳修《新唐书艺文志》之作。作者阅读了大量有关资料，按照《新唐书艺文志》分类体系，分经、史、子、集四部，对《新唐书艺文志》未著录的唐人著述1,638种一一进行补充，并有解题。补录的唐人著作，多为佚书，所以，也可以通过此书了解已经失传的唐人著作。后附《主要参考引用书目》、《书名·作者索引》，按四角号码排列，便于使用。

《清史稿艺文志拾遗》，王绍曾主编。2000年中华书局出版。本书共著录清人著述9,633部，138,078卷，清人著述，远远不止这个数目。1955年，中国科学院图书馆武作成编成《清史稿艺文志补编》，增补清人著述10,438种，93,772卷，1982年与《清史稿艺文志》合为《清史稿艺文志及补编》，由中华书局出版，后附索引。但是遗漏仍然很多。台湾在1968年也由商务印书馆出版了彭国栋的《重修清史艺文志》，收录清人著述18,059部，较《清史稿艺文志》增补了8,426部，以上三出加起来不过28,497种，也未窥全豹。山东大学教授王绍曾的《清史稿艺文志拾遗》，增加了清人著述54,880种，以上四种目录合在一起共著录清人著述约75,000种，最接近清人著述的总数。山东大学的杜泽逊先生正在编纂《清人著述总目》，相信在前人工作的基础上会有更多的收获。

三、四库系列书目

《四库全书》是清代最大的一部丛书，也是现存的中国古代最大的一部丛书。乾隆皇帝亲自下令编纂并亲自过问、亲自参与编纂事宜。为编《四库全书》，专门成立了四库全书馆，在全国范围内征集遗书，组织一流学者参与编纂。一共抄成7部，贮藏于所谓南三阁，北四阁。《四库全书总目》属于提要性质的目录，即解题书目，既是《四库全书》的总目提要，也是乾隆时期存世的中国古代图书的总目录，当然，不是全部目录。

《四库全书》成书以来，对于《四库全书》和《四库全书总目》的研究，都已经形成了所谓"四库学"，出版了系列著作。近代以来的研究成果尤其突出，任松如《四库全书答问》、陈垣《〈四库全书〉纂修始末》、郭伯恭《四库全书纂修考》、杨家骆《〈四库全书〉通论》、黄爱平《〈四库全书〉纂修研究》、司马朝军《四库全书与中国文化》等。对于《四库全书总目》的研究成果更多，如胡玉缙《四库全书总目提要补正》、余嘉锡《四库提要辨证》、崔富章《四库提要补正》、李裕民《四库提要订误》、司马朝军《四库全书总目研究》、《四库全书总目编纂考》等等。还出现了杨家骆《四库全书大辞典》等辞书。《四库全书》的续编工作也形成了系统，《续修四库全书》《四库全书存目丛书》《四库未收书辑刊》《四库禁毁书丛刊》等陆续出版，《四库全书》也不断得到影印，如《文渊阁四库全书》《文津阁四库全书》《文澜阁四库全书》《四库全书荟要》等，有的还不止一次影印。

1.《四库全书总目》二百卷

张之洞在《輶轩语》中说："今为诸生指一良师，将《四库全书提要》读一过，即略知学问门径矣。"在《四川省城尊经书院记》中又说："一切学术必先求诸《四库提要》，以此为主，以余为辅。"这是张之洞的经验之谈，而著名学者余嘉锡先生在《四库提要辨证叙录》中有这样一段话：

嘉锡束发受书，先君子自课之。常坐之案头口授章句，《五经》、《楚辞》、《文选》既卒业，即命观《四史》、《通鉴》，学为诗古文，不令习时艺也。嘉锡颇知嗜学，发箧中书尽读之，目为之眚。小子狂简，遂斐然有述作之志，年十四，作《孔子弟子年表》，读《郁离子》，好之，效其体著书数万言，十六岁注《吴越春秋》，然于学问之事，实未有所解。阅张之洞《书目答问》，骇其浩博，茫乎失据，不知学之所从入，及读起《輶轩语》曰："今为诸生指一良师，将《四库全书提要》读一过，即略知学问门径矣。"不禁雀跃曰："天下果有是书也！"闲请于先君子，为道其所以然，意欣然向往之，遂日求购读。光绪二十六年庚子，年十有七矣，先君子以事于长沙，始为购得之，则大喜，穷日夜读之不厌。时有所疑，辄发箧陈书考证之，笔之上方，明年遂录为一册，此余从事《提要辨证》之始也。

后来他终于著成《四库提要辨证》这部大著。

《四库全书总目》又名《四库全书总目提要》或《四库提要》,二百卷。清纪昀等编纂。乾隆五十四年(1789)由武英殿刊行。《四库全书》是一部由清代乾隆皇帝亲自下令编纂的大丛书,也是现存的中国古代最大的丛书。《四库全书总目》就是为这部丛书而编的,但并不是见于《四库全书总目》的书就都收进了《四库全书》。《四库全书总目》收录的书有两种情况,一种是收进《四库全书》的,据中华书局1965年影印本"出版说明"的统计有3,461种(《钦定四库全书总目》整理本《后记》说3,503种),79,309卷。另一部分是只有目录,而没有收进《四库全书》的,称之为"存目",有6,793种,93,551卷。基本上包括了清乾隆以前我国重要的古籍,特别是元代以前的书籍更完备。分经、史、子、集四部,四十四类,六十六属。每大类与小类前面均有小序,子目后面有按语,简要说明此类著作的源流以及分类的理由。该书著录了清乾隆以前包括哲学、史学、文学以及科学技术等各方面的文化典籍一万多种,为我国收书最多的目录,而且写有内容提要和评论,为我们研究中国古代社会政治、经济、文化的历史,提供了一部翔实的书目。但它是由乾隆钦定、督办的官修书目,在图书入选、内容著录、评论等方面,都反映了封建统治者的观点和利益。通行本为1965年北京中华书局影印清乾隆六十年(1795)浙江重刻乾隆武英殿本,由王伯祥先生进行了断句。上下两册,多次重印。前有新编《四库全书总目》,后附《四库撤毁书提要》、《四库未收书提要》、《四库全书总目校记》及《四库全书总目书名及著者姓名索引》,"索引"包括四角号码检字法、索引字头笔画检字、书名索引和著者姓名索引,使用起来比较方便。缺点是在原版影印本上进行句读,不便于初学者使用,但因为是影印本,所以减少了因为重新排版易造成的新的错误。由《四库全书》研究所标点、校勘、简体字横排版的《钦定四库全书总目》,1997年由中华书局出版,是目前较为实用的版本。后有书名笔画索引、著者姓名笔画索引。《四库全书总目》也是中国古代四部分类法的集大成和代表作,它影响到后来的中国古书目录的编目和古书的排架方法,各种传统书目大多以它的分类方法分类,增增减减而已,直至今天的《中国古籍善本书目》。《四库全书总目》不仅仅是《四库全书》乃至中国古书的分类法,也是人们对中国传统知识体系的划分和归类,是了解传统国学体系的工具,阅读古籍,使用古籍书目,不可不知四部分类法,不可不知《四库全书总目》。

《四库全书总目》部类表

《四库全书总目卷数》	部	类	属
一经一	易一		
二	二	二	
三	三	三	
四	四	四	
五	五	五	
六	六	六	
七	七	易存目一	
八	八	二	
九	九	三	
十	十	四	
十一	十一	书一	
十二	十二	二	
十三	十三	书存目一	
十四	十四	二	
十五	十五	诗一	
十六	十六	诗二	
十七	十七	诗存目一	
十八	十八	诗存目二	

十九	十九	礼一	周礼
二十	二十	礼二	仪礼
二十一	二十一	礼三	礼记
二十二	二十二	礼四	三礼总义 通礼 杂礼
二十三	二十三	礼存目一	周礼 仪礼
二十四	二十四	礼存目二	礼记
二十五	二十五	礼存目三	三礼总义 通礼 杂礼
二十六	二十六	春秋一	
二十七	二十七	春秋二	
二十八	二十八	春秋三	
二十九	二十九	春秋四	
三十	三十	春秋存目一	
三十一	三十一	春秋存目二	
三十二	三十二	孝经	孝经存目
三十三	三十三	五经总义	
三十四	三十四	五经总义存目	
三十五	三十五	四书一	
三十六	三十六	四书二	
三十七	三十七	四书存目	
三十八	三十八	乐	

三十九	三十九	乐存目	
四十	四十	小学一	训诂
四十一	四十一	小学二	字书
四十二	四十二	小学三	韵书
四十三	四十三	小学存目一	训诂 字书
四十四	四十四	小学存目二	韵书
四十五	史一	正史一	
四十六	二	正史二 正史存目	
四十七	三	编年	
四十八	四	编年存目	
四十九	五	纪事本末 纪事本末存目	
五十	六	别史 别史存目	
五十一	七	杂史	
五十二	八	杂史存目一	
五十三	九	杂史存目二	
五十四	十	杂史存目三	
五十五	十一	诏令奏议	诏令 奏议
五十六	十二	诏令奏议存目	诏令 奏议
五十七	十三	传记一	圣贤 名人 总录上

五十八	十四	传记二	总录下 杂录
五十九	十五	传记存目一	圣贤 名人上
六十	十六	传记存目二	名人下
六十一	十七	传记存目三	总录上
六十二	十八	传记存目四	总录中
六十三	十九	传记存目五	总录下
六十四	二十	传记存目六	杂录 别录
六十五	二十一 史抄	史抄存目	
六十六	二十二	载记 载记存目	
六十七	二十三	时令 时令存目	
六十八	二十四	地理一	总志 都会郡县
六十九	二十五	地理二	河渠 边防
七十	二十六	地理三	山川 古迹 杂记
七十一	二十七	地理四	游记 外纪
七十二	二十八	地理存目一	总志
七十三	二十九	地理存目二	都会郡县上
七十四	三十	地理存目三	都会郡县下

七十五	三十一	地理存目四	河渠 边防
七十六	三十二	地理存目五	山川
七十七	三十三	地理存目六	古迹 杂记
七十八	三十四	地理存目七	游记 外纪
七十九	三十五	职官 官制	官箴
八十	三十六	职官存目	官制 官箴
八十一	三十七	政书一	通制
八十二	三十八	政书二	典礼 邦计 军政 法令 考工
八十三	三十九	政书存目一	通制 典礼
八十四	四十	政书存目二	邦计 军政 法令 考工
八十五	四十一	目录一	经籍
八十六	四十二	目录二	金石
八十七	四十三	目录存目	经籍 金石
八十八	四十四	史评	

八十九	四十五	史评存目一	
九十	四十六	史评存目二	
九十一	子一	儒家一	
九十二	二	儒家二	
九十三	三	儒家三	
九十四	四	儒家四	
九十五	五	儒家存目一	
九十六	六	儒家存目二	
九十七	七	儒家存目三	
九十八	八	儒家存目四	
九十九	九	兵家	
一〇〇	十	兵家存目	
一〇一	十一	法家 法家存目	
一〇二	十二	农家 农家存目	
一〇三	十三	医家一	
一〇四	十四	医家二	
一〇五	十五	医家存目	
一〇六	十六	天文算法一	推步
一〇七	十七	天文算法二 天文算法存目	算书 推步 算书
一〇八	十八	术数一	数学 占候

			相宅相墓
一〇九	十九	术数二	占卜 命书 相书 阴阳五行
一一〇	二十	术数存目一	数学 占候
一一一	二十一	术数存目二	相宅相墓 占卜 命书 相书 阴阳五行 杂技术
一一二	二十二	艺术一	书画上
一一三	二十三	艺术二	书画下 琴谱 篆刻 杂技
一一四	二十四	艺术存目	书画 琴谱 篆刻 杂技
一一五	二十五	谱录	器物 食谱 草木鸟兽虫鱼
一一六	二十六	谱录存目	器物 食谱 草木鸟兽虫鱼
一一七	二十七	杂家一	杂学
一一八	二十八	杂家二	杂考上

一一九	二十九	杂家三	杂考下
一二〇	三十	杂家四	杂说上
一二一	三十一	杂家五	杂说中
一二二	三十二	杂家六	杂说下
一二三	三十三	杂家七	杂品 杂纂 杂编
一二四	三十四	杂家存目一	杂学上
一二五	三十五	杂家存目二	杂学下
一二六	三十六	杂家存目三	杂考
一二七	三十七	杂家存目四	杂说上
一二八	三十八	杂家存目五	杂说中
一二九	三十九	杂家存目六	杂说下
一三〇	四十	杂家存目七	杂品
一三一	四十一	杂家存目八	杂纂上
一三二	四十二	杂家存目九	杂纂中
一三三	四十三	杂家存目十	杂纂下
一三四	四十四	杂家存目十一	杂编
一三五	四十五	类书一	
一三六	四十六	类书二	
一三七	四十七	类书存目一	
一三八	四十八	类书存目二	
一三九	四十九	类书存目三	
一四〇	五十	小说家一	杂事上
一四一	五十一	小说家二	杂事下

一四二	五十二	小说家三	异闻 琐语
一四三	五十三	小说家存目一	杂事
一四四	五十四	小说家存目二	异闻 琐语
一四五	五十五	释家	释家存目
一四六	五十六	道家	
一四七	五十七	道家存目	
一四八	集一	楚辞 楚辞存目 别集一	
一四九	二	别集二	
一五〇	三	别集三	
一五一	四	别集四	
一五二	五	别集五	
一五三	六	别集六	
一五四	七	别集七	
一五五	八	别集八	
一五六	九	别集九	
一五七	十	别集十	
一五八	十一	别集十一	
一五九	十二	别集十二	
一六〇	十三	别集十三	
一六一	十四	别集十四	

一六二	十五	别集十五	
一六三	十六	别集十六	
一六四	十七	别集十七	
一六五	十八	别集十八	
一六六	十九	别集十九	
一六七	二十	别集二十	
一六八	二十一	别集二十一	
一六九	二十二	别集二十二	
一七〇	二十三	别集二十三	
一七一	二十四	别集二十四	
一七二	二十五	别集二十五	
一七三	二十六	别集二十六	
一七四	二十七	别集存目一	
一七五	二十八	别集存目二	
一七六	二十九	别集存目三	
一七七	三十	别集存目四	
一七八	三十一	别集存目五	
一七九	三十二	别集存目六	
一八〇	三十三	别集存目七	
一八一	三十四	别集存目八	
一八二	三十五	别集存目九	
一八三	三十六	别集存目十	

一八四	三十七	别集存目十一	
一八五	三十八	别集存目十二	
一八六	三十九	总集一	
一八七	四十	总集二	
一八八	四十一	总集三	
一八九	四十二	总集四	
一九〇	四十三	总集五	
一九一	四十四	总集存目一	
一九二	四十五	总集存目二	
一九三	四十六	总集存目三	
一九四	四十七	总集存目四	
一九五	四十八	诗文评一	
一九六	四十九	诗文评二	
一九七	五十	诗文评存目	
一九八	五十一	词曲一	词集上
一九九	五十二	词曲二	词集下 词选 词话 词谱词韵 南北曲
二〇〇	五十三	词曲存目	词集 词选 词话 词谱词韵 南北曲

2.《四库全书简明目录》等

《四库全书简明目录》二十卷,清纪昀等编纂。《四库全书总目》问世后,围绕着《四库全书》形成了一系列目录,《四库全书简明目录》是较早产生的一本目录。由于《四库全书总目》卷数过多,提要过繁,使用和流通起来不太方便,因此将《四库全书总目》进行压缩,删除存目的部分,提要也从简,形成了《四库全书简明目录》,大大节省了篇幅,而且,比《四库全书总目》先行刊行。因此,在《四库全书总目》刊行时删去的十一种书在《四库全书简明目录》中还保存着。有乾隆四十九年(1784)刊本,1964年中华书局上海编辑所铅印本,1985年上海古籍出版社铅印本等版本。《四库未收书提要》五卷,清阮元撰。嘉庆时阮元任浙江巡抚,征集《四库全书》未收书170余种,仿《四库全书总目》体例,各撰提要,随书进呈,嘉庆帝藏之于养心殿,命名为"宛委别藏",钤印"嘉庆御览之宝"。道光二年(1822),阮元之子阮福把提要编为五卷,列在《揅经室集》之后,题为《外集》,因此,《四库未收书提要》也称《揅经室外集》。有学者认为,阮元的工作,具有补修《四库全书》性质,成为续补《四库全书》的开端。中华书局1965年标点影印《四库全书总目》,将《四库未收书提要》附录于后,是比较易见的版本。《增订四库简明目录标注》二十卷,清邵懿辰撰,邵章续录。宣统三年(1911)邵章刊行,有上海古籍出版社1959年、1979年铅印本比较通行。《四库全书总目》《四库全书简明目录》很少著录所收书的版本,《增订四库简明目录标注》恰好填补这一空白,为《四库全书总目》系列不可或缺。"标注"为清末邵懿辰所作,邵懿辰在《四库全书简明目录》上面标注所知见的各种版本,邵章在此基础上进行了增补和校订,故名。《增订四库简明目录标注》正文分以下三部分:一是邵懿辰所作,即《简明目录》原文之后记录各种版本的部分。二是"附录"部分,为各家在邵懿辰工作的基础上作的批注,一一注出批注者,有王懿荣、孙诒让、黄绍箕、王颂蔚、周星诒、缪荃孙等,如果不知何人所批,则写作"某氏"。

三是"续录"部分,是邵章所补充。"标注"的内容,除了罗列各种版本,还兼及版本的源流和评价优劣。后附邵懿辰《善本书跋及其他》、邵章《四库未传本书目》《东国书目》,包括《朝鲜书目》《日本所刊书目》等。本书目对于了解、利用《四库全书》有用,是《四库全书总目》和《四库全书简明目录》的补充,也有助于了解古籍版本及流传情况。新版《标注》后有综合索引,包括书名和作者四角号码索引并笔画检字,使用起来很便利。

《续修四库全书总目提要》,又名《续四库全书提要》《续修四库提要》。自清阮元之后,不断有续修《四库全书》的倡议,民国十七年(1928),东方文化事业总委员会北平人文科学研究所拟利用日本退还的庚子赔款为经费续修《四库全书》。此项工作从购求古书、撰写提要开始,撰写工作主要由我国当时学者承担,先后参加者达80余人,如董康、伦明、班书阁、向达、谢国桢、杨树达、余绍宋、傅增湘、柯劭忞、江瀚、胡玉缙、徐鸿宝、李盛铎、王式通、杨钟羲、王照、江庸、王树枏、冯承钧、傅惜华、傅振伦、高观如、韩承铎、黄寿祺、瞿宣颖、罗振玉、柯昌泗、刘启瑞、刘泽民、陆会因、鹿辉世、罗福颐、罗继祖、茅乃文、沈兆奎、孙光圻、孙海波、孙人和、孙曜、谭其骧、吴廷燮、吴燕绍、夏仁虎、夏孙桐、谢兴尧、许道龄、叶启勋、余宝龄、张伯英、张寿林、赵录绰、王重民、赵万里等,先后撰写提要 30,000 余篇,后移交给中央研究院史语所图书馆,今藏中国科学院图书馆。1993 年,中科院图书馆整理出版了《续修四库全书总目提要》的经部标点本。1996 年,齐鲁书社将中国科学院图书馆收藏《续修四库全书总目提要》稿本影印出版,编有索引,索引含分类索引、书名索引、作者索引。复旦大学图书馆吴格先生正在组织学者以齐鲁书社影印本为底本进行整理,目前已经出版了"丛书部"。《续修四库全书总目提要》收录了自清乾隆修《四库全书》之后至 20 世纪 30 年代以前的著述,共计 30,000 余种,各具提要,规模宏大,资料详备,为《四库全书总目》家族中的重头。《四库撤毁书提要》,王重民辑。清乾隆五十二年(1787)三月,乾隆帝弘历阅《四库全书》时发现，明代李清的《诸史同异录》内，有记清世祖与明崇祯帝有相同四事一条，大为恼火，指斥为妄逞臆说，任意比拟，下令将收入《四库全书》的李清的所有著作《诸史同异录》《历代不知姓名录》《南北史合注》《南唐书合订》挈出销毁，同时，严命对《四库全书》重新检察。结果又陆续挈出周亮工的《读画录》《闽小记》《印人传》《书影》《同书》；吴其贞的《书画记》，潘柽章的《国史考异》，共计11种。而且将其提要也从正在刊刻的《四库全书总目》中挈出，由于《四库全书简明目录》已先于《四库全书总目》刊版，所以还保存着11种书的简短提要。民国十六年（1927），王重民先生在故宫方略馆中发现了其中的9种四库馆原缮本，书前的提要也完好无缺，就把9篇提要和有关档案汇为一书铅印出版，名为《四库抽毁书提要稿》。1965年中华书局标点影印《四库全书总目》，将其附录于后，改名为《四库撤毁书提要》。《四库存目标注》，杜泽逊撰，程远芳编索引，上海世纪出版股份有限公司、上海古籍出版社2007年出版。全8册，第7、第8册为索引。《四库简明目录标注》是为《四库全书简明目录》补充版本项，版本资料来源是邵懿辰、邵章等根据当时所知见的官私藏书。《四库存目标注》则是为见于《四库全书总目》著录的《四库全书》之外的6,824种"存目"补充版本项，资料来源都是现存馆藏并经编者亲见的各种版本大约5,000种，一一进行考录、填补。先考出该书的进呈底本，然后按版本先后排列传世版本，辨明版本源流，对亲见的版本详细记载卷端署名、行款版式、序跋、刻工、避讳、牌记、印鉴、题识、纸张、完缺等特征以及出版者、收藏者。对发现的《四库全书总目》著录中的错误进行考辨和纠正，包括书名、卷数、进呈者、朝代、作者、字号、里籍、科第、提要考证等方面。后附有《四库存目标注索引》，分编例、四角号码检字法、索引字头拼音检字、索引字头笔画检字以及索引正文。索引正文又分"撰校评阅序跋者索引""书名索引""刻工写工及刻抄者名号索引""藏书家及藏书印索引"等四大类，每条索引下，标明序号，检索十分方便。不仅可以检索到6,824种《存目》书的书名、卷数和作者及其版本，而且也可以查到编者、校阅者、刊刻者、刻工、序跋作者和藏书家及其藏书印等。所以说《四库存目标注》无疑是当代版本目录学研究的重要成果，也是"四库学"研究的代表作，对于检索和使用《四库全书存目丛书》也是很有用的工具。

3.《浙江采集遗书总录》等

与《四库全书》相关的还有几种书目，其中有《浙江采集遗书总录》《江苏采集遗书目录》，是编《四库全书》时江、浙两省进呈遗书的目录，前者清代即有刻本，后者有清代抄本。《浙江采集遗书总录》有杜泽逊、何灿校注本，上海古籍出版社2010年出版。1960年商务印书馆出版了吴慰祖校订的《四库采进书目》，是根据商务印书馆《涵芬楼秘笈》本《各省进呈书目》整理的，当然也包括江、浙在内。张升《四库全书提要稿辑存》，北京图书馆出版社2006年出版，内容包括《浙江采集遗书总录》《江苏采集遗书目录》，以及四库馆臣姚鼐、邵晋涵、余集、翁方纲、陈昌图等人撰写的提要稿本、刻本、抄本等，可与传世的《四库全书总目提要》进行对比研究。吴格、乐怡有《四库提要分纂稿》，上海书店2006年出版，含翁方纲、姚鼐、邵晋涵、陈昌图、余集、程晋芳、邹奕孝、郑际唐、庄通敏及佚名提要稿等。

四、清代禁毁书目

与修《四库全书》有关的书目还有清代姚觐元的《清代禁毁书目》附《补遗》《清代禁书知见录》。《清代禁毁书目》附《补遗》，清姚觐元等编，1957年商务印书馆铅印本。包括《全毁书目》《抽毁书目》《军机处奏准全毁书目》《军机处奏准抽毁书目》《浙江省查办奏缴应毁书目》《外省移咨应毁各种书目》《应缴违碍书籍各种书目》《续奉应禁书目》八种，与孙殿起《清代禁书知见录》（附《清代禁书知见录外编》，合订出版。民国二十六年(1937)商务印书馆还出版过《清代禁毁书目四种》，包括《销毁抽毁书目》一卷，《禁书总目》一卷，《违碍书目》一卷（以上合称《禁毁书目三种》），由于《销毁抽毁书目》包括《全毁书目》《抽毁书目》两种，所以又称为《禁毁书目四种》。施廷镛有《清代禁毁书目题注》，与《古今书目提要》合刊，2004年北京图书馆出版社出版。收录的是《四库全书》以外古书的信息，而且因为被禁毁而流传稀少，在判断其价值时应有所考虑，国家古籍定级标准对此类书的定级也上靠一等。雷梦辰有《清代各省禁书汇考》，1989年书目文献出版社出版。

五、《贩书偶记》二十卷　《贩书偶记续编》二十卷

孙殿起编撰。此目与《四库全书》《四库全书总目》也有关联，在上海古籍出版社1999年版的"出版说明"中就提到《贩书偶记》和《贩书偶记续编》相当于《四库全书总目》的补编。作者于清末民初在北京开设通学斋书店，经营古书达数十年之久，对经手的古书，记录下书名、作者姓名及籍贯、版刻年代等项，偶尔有关于内容和版本异同的说明文字，日积月累而成书，故名《贩书偶记》。按经、史、子、集四部法分类，著录古籍万余种，以清人以及民国二十四年(1935)本书出版之前的古书为主，偶尔收录明及明以前人的著作和明代的版本，清代禁毁书、白话小说、戏曲等。所记版本有刻本、稿本、抄本、校本等。凡是与《四库全书总目》著录相同的，一概不收，偶收《四库全书》失收的古书或者卷数和版本与《四库全书》不同者；非单行本不收，也就是不收丛书的零本。所以，在《四库全书》里查不到的古书和不同的版本，可以考虑查检《贩书偶记》。此书民国二十五年(1936)排印出版，1959年中华书局重印，后附书名和著者四角号码综合索引，并附雷梦水撰写的正误和补遗。1982年上海古籍出版社出版新1版。1980年，由雷梦水整理的《贩书偶记续编》也由上海古籍出版社出版，为孙殿起《贩书偶记》之外积累的万余条资料，也附有书名与著者四角号码综合索引。1999年，上海古籍出版社将《贩书偶记》与《贩书偶记续编》合在一起出版。

六、珍善本书目

关于古籍"善本"的标准，比较流行的是"三性"原则，即历史文物性、学

术资料性、艺术代表性，具有其中一项的就可定位为善本。近年国家实施古籍普查和古籍保护工程，文化部颁发了国家《古籍定级标准》(WH/T20—2006)，把古籍分为四级，前三级又各分甲、乙、丙；四级又分等次，把前三级定为善本，第四级则为普本。"善本"是"具有比较重要历史、学术和艺术价值的书本。大致包括写印年代较早的，传世较少的，以及精校、精抄、精刻、精印的书本等。""普本"是"普通版本"的简称，相对善本而言。指具有一定历史、学术和艺术价值的书本。随着时间的推移，古籍越来越少，加上古籍的不可再生性，善本的标准也在适时地进行调整，发生变化。

1.《中国善本书提要》及《中国善本书提要补编》

王重民撰，刘修业整理，上海古籍出版社1983年出版。是善本书目，也是解题或提要书目。著录作者1949年以前在北京图书馆、北京大学图书馆和美国国会图书馆所经眼的中国古籍善本书4,200余种。大多数为清康熙以前的本子，其中有六朝写本、唐写本、宋刻本60余种，金、元刻本100余种，影钞本、明钞本150余种，明朱墨套印本100余种。按经、史、子、集四部分类法排列。每种书除著录书名、作者、卷数、册数、版本和收藏单位之外，还记载行款，含行字数、板框尺寸，是否见于《四库全书总目》及所在卷数，以及序跋等与版本相关的内容，并有作者对版本的判断。《补遗》著录100多种善本，多为美国国会图书馆收藏。后附《中国善本书题跋》27篇，多是明清罕见刻本或抄本。此书出版后，是鉴定版本必查的解题书目，尤其是书后的书名索引、撰校人名索引、刻工人名索引、刻书铺号索引，对于使用本书颇为方便，而且这些很容易检索到的书名、人名、刻书铺名，对于古籍编目、鉴定版本等也很实用，因为在当时关于刻工、刻书铺的工具书还很少见，是很专业的版本目录著作，为后来撰写书志提供了榜样。《中国善本书提要补编》是《中国善本书提要》的续编，刘修业整理。北京图书馆出版社1997年出版。收录王重民提要遗稿770多篇。体例与《中国善本书提要》一致，后附书名索引、撰校刊刻人名索引、刻工人名索引、刻书铺号索引、《中国善本书提要》和《中国善本书提要补编》联合索引字头笔画检字表。

2.《藏园群书经眼录》十九卷

傅增湘撰，中华书局1983年第1版，2009年出版《书目题跋丛书》本。属于解题或提要书目、版本目录，据作者稿本整理成书，按经、史、子、集四部分类法编排，凡经部二卷，史部四卷，子部五卷，集部八卷，共著录作者历年经眼的国内图书馆、藏书家和书商藏书、国外日本公私藏书4,500种，一一标明收藏者和阅书时间。此书最大特点是收书多，作者是民国时期经眼古籍最多的版本目录学家之一，而且著录极其详细，版本信息量大，便于核对版本异同。著录的项目都是与版本鉴定相关的内容，如行款格式，板框尺寸，原书序跋，牒文，收藏者题跋，藏书印，加上作者对版本的考证和判断，是鉴定古籍版本的必读参考书。可参考作者《藏园群书题记》(上海古籍出版社1989年版)，《藏园订补郘亭知见传本书目》(中华书局1993年版)一起使用。此类目录，古人所作多多，已收入各种题跋丛书之中。今人所作，除了各种书志之外，尚有李致忠《宋版书叙录》(北京图书馆出版社1994年出版)，沈津《中国珍稀古籍善本书录》(广西师范大学出版社2006年出版)等等。

3.《中国古籍善本书目》

《中国古籍善本书目》编委会编纂，顾廷龙主编，冀淑英、潘天桢副主编。是查找国内馆藏现存善本书的最重要的工具书。上海古籍出版社出版，有线装和精装两种印本，精装本就所知见经部1册，1989年出版；史部2册，1993年出版；子部2册，1994年出版；集部3册，1998年出版；丛部1册，1989年出版。是"一部当今国家现藏古籍善本书的总目录"。根据凡例，收录标准为具有历史文物性、学术资料性、艺术代表性(传统的确定善本书标准的"三性"原则)和流传较少的古籍，年代下限基本定在乾隆六十年(1795)以前，或者说清代嘉庆元年以前的古籍。但是名家抄本、稿本、批校本、题跋本年限可以放宽到民国元年(1912)以前。共著录除台湾地区以外中国各省、市、自治区公共图书馆、博物馆、文物保管委员会、大专院校和中等学校图书馆、科学院系统图书馆、名人纪念馆和寺庙等781个单位所藏善本书约6万种,13万部。分经、史、子、集、丛5部,按部按类排列。著录项目有书名、卷数、著者、著作方式、版本等。每部书均有编号,书末附《藏书单位代号表》和《藏书单位检索表》,可以查得收藏单位,残本以"×"号表示。另出版有《中国古籍善本书目索引》两册,上海古籍出版社2009年出版,为综合索引,包括书名索引和著者索引。缺点是没有行款格式,没有书影,只按各馆报送的卡片进行核录,所以存在一些问题和错误。

《中国古籍善本书目分类法》：

此法是在中国古代图书分类法基础上编制的,是四部法的集大成之作,主要依据的是《四库全书》的四部法分类体系,可以了解古代的科学体系、知识门类,也是今天很多图书馆进行古籍分类和排架的方法,对于检索古籍、利用图书馆藏书都是实用的工具。

部	类
经部	总类
	易类
	书类
	诗类
	礼类
	乐类
	春秋类
	孝经类
	四书类
	群经总义类
	小学类

史部	纪传类
	编年类
	纪事本末类
	杂史类
	诏令奏议类
	传记类
	史抄类
	时令类
	地理类
	职官类
	政书类
	目录类
	金石类
	史评类
子部	总类
	儒家类
	兵家类
	法家类
	农家类
	医家类
	天文算法类
	术数类
	艺术类
	谱录类

		杂家类
子部		小说家类
		类书类
		释家类
		道家类
集部		楚辞类
		别集类
		总集类
		诗文评类
		词类
		曲类
丛部		汇编丛书
		地方丛书
		家集丛书
		自著丛书

另外,各个图书馆也大多编有自己的馆藏线装书目、善本目录、图录等,可资利用,此不一一列举。

七、宫廷珍藏目录

就收藏来说,国家一般是收藏的大宗,宫廷收藏则是精品中的精品,历代皆有目录可考。清代宫廷收藏是宋代以来集大成者,很多精品、珍品都进了内府,而且有不少藏品流传到今天,清宫的收藏目录是我们考查这些藏品源流的重要参考资料。

《钦定秘殿珠林初编》二十四卷,《钦定秘殿珠林续编》《钦定秘殿珠林三编》不分卷,清张照等于乾隆九年(1744)奉敕编撰,是清乾隆内府藏画目录。首先著录康熙、雍正、乾隆三朝皇帝御笔,其次著录历代名人书画作品,附以印本、绣锦、刻丝之类,再次著录臣工的书画作品,最后为石刻、木刻、语录、科仪及供奉的造像。编排顺序为先佛教,后道教,先书法,后绘画,先册页,后卷、轴。著录内容为作品材质(如绢本、纸本)、金书、墨书、水墨、著色等,以及标题、款识、印记、题跋、作品尺寸等。乾隆末年,由于宫内收藏字画不断增多,乾隆又命编《钦定秘殿珠林续编》,体例与《钦定秘殿珠林初编》相同,王杰等编撰,乾隆五十八年(1793)成书。嘉庆二十年(1815),嘉庆皇帝依照乾隆朝做法,将陆续进入内府的书画进行著录,编为《钦定秘殿珠林三编》,由英和等编撰。但此编不再只收佛、道教题材作品,而是全部书画作品的目录,包括珍藏在乾清宫、养心殿、漱芳斋、静怡轩、延春阁等 19 处藏品,分别著录,按朝代、作者、装潢顺序进行著录。《钦定秘殿珠林》全部三编著录了清朝自开国以来宫中收藏的书画珍品,是了解清宫收藏书画作品情况的重要目录,对于后世考查清宫收藏书画的真伪和流传,是必不可少的参考书。后人编《故宫已佚书画目录》多种,主要参照《钦定秘殿珠林》进行。初编有《四库全书》本,续编、三编有清内府写本等流传。

《钦定石渠宝笈正编》四十四卷、《钦定石渠宝笈续编》《钦定石渠宝笈三编》不分卷。《石渠宝笈》与《秘殿珠林》一样,都是著录清代内府收藏书画的目录。《石渠宝笈正编》为张照等于乾隆十九年(1754)奉敕撰,分为书册、画册、书画合册,书卷、画卷、书画合卷,书轴、画轴、书画合轴,著录材质、尺寸、印记、姓名、诗赋、题跋等相关内容;二编成书于乾隆五十八年(1793 年),三编成书于嘉庆二十一年(1816 年),共著录一万两千多件,有很多真迹可以作为后世鉴定古代书画的标准或参照。

《钦定天禄琳琅书目》十卷、《钦定天禄琳琅书目后编》不分卷,清于敏中等奉敕撰。乾隆四十年(1775)成书。"天禄琳琅"为乾隆内府昭仁殿藏书。书目先按版本分类,分为宋、金、元、明影抄本,突出藏书和版本的重要与珍贵。著录内容详细,含序跋、函册、著者介绍、历代著录、流传始末、版本考证、藏书印等。卷一至卷三为宋刊本,著录 70 种,附录金刊本 1 种;卷四为影宋钞本,著录 208 种;卷五至卷六为元刊本,著录 81 种;卷七至卷十为明刊本,著录 251 种。有《四库全书》本。《钦定天禄琳琅书目后编》为嘉庆二年(1797)彭元瑞等人奉敕编撰,体例与《天禄琳琅书目》相同。著录宋、辽、金、元、明版书 663 部。光绪十年(1884)王先谦将两编合刊,中华书局影印入《宋元明清书目题跋丛刊》。此书是了解清代宫廷藏书的重要依据,也是考查古籍善本流传和进行版本鉴定的重要工具书。

八、书影、图录

书影也称图录,早期书影也叫"留真谱",是显示中国古书的版本和部分内容、有助于版本鉴定的重要参考书,一般是选取古书中一二页或数页,以复刻或影印的方法按原版(或缩小)复制,加上文字说明而成,有的汇编成册,有的用作插页,或反映公藏,或反映私藏,始于清末杨守敬的《留真谱》一书。书影产生于清末,盛极于民国,集大成于新中国以后。海外和中国港台地区也编有多部书影,一般为善本图录。

《留真谱》十二卷、《留真谱二编》八卷,清杨守敬编,清光绪二十七年(1901)刊。分经部、小学、史部、子部、医部、集部、佛部、杂部等八部,广采群籍,上起六朝,下迄宋明,旁及外邦,举凡古抄、旧刻、铜木活字,世间稀见之本,都有收录,都是日本所藏中国古籍,如金泽文库、枫山官库、浅草文库及部分私人收藏,间有日本古刻本、旧抄本。每种书或刻序跋,或刻卷首,或刻卷尾,或刻牌记,每页或全刻,或仅刻数行,悉按原版大小。《留真谱初编》内,夹杂着守敬简短题识,或云得书由来,或记版本。《留真谱二编》八卷,民国六年(1917)宜都杨氏刊行。按经、史、子、集四部序列,也都取自日本所藏。《留真谱》问世,继之者纷纷。缪荃孙刊《宋元书影》,步杨氏后尘,并有所发展。第一次使用"书影"这一名称,刊载全页,加考二篇,宣统三年(1911)刻成。所收多为学部图书馆藏书及缪氏艺风堂、徐氏积学斋、张氏适园、阳湖董氏、刘氏嘉业堂、刘氏玉海楼等公私收藏,而以学部图书馆藏书为主,缪氏藏书次之。分经、史、子、集四部,共六十六页,四十余种刻本,多为宋刻本,仅有数种元刻本,较《留真谱》更趋成熟。

进入民国以后,由于编辑方法的积累和印刷技术的进步,书影很快繁荣起来。这一时期个人藏书书影有《铁琴铜剑楼宋金元本书影》《盋山书影》《嘉业堂善本书影》《涉园所见宋版书影》等。故宫旧藏书影有《故宫善本书影初编》《重整内阁大库残本书影》。至《明代版本图录初编》出版而达于高峰。这一时期的专题书影有《五经书影》。《铁琴铜剑楼宋金元本书影》,瞿良士编辑,民国十一年(1922)石印出版,九册。瞿氏铁琴铜剑楼是清代著名藏书楼,所藏宋、金、元旧刻颇多。这部书影即取其所藏宋刻本160种、金刻本4种、元刻本106种,以经、史、子、集四部分类,每类下以时代先后序列。除印卷首、卷末外,有名家题跋者必印之。最后一册为识语。所收的每一种书都进行了著录,除著录书名、卷数、版本外,还著录藏书印。注重流传原委,对版本之考证尤详,印刷比较清晰可观。《盋山书影》,柳诒徵编印,民国十七年(1928)石印出版。取自于原丁氏善本书室所藏。分三辑,第一辑宋本书影,收30余种,第二辑元本书影,收90余种。每种书先有考证文字一篇,引《善本书室藏书志》详考版本。《嘉业堂善本书影》,刘承干编辑,民国十八年(1929)石印出版。吴兴刘氏嘉业堂是清末著名藏书楼,书影取刘氏所藏宋刊本68种、元刊本70种、三朝本20种、日本刊本2种编印成这部书影。前有目录,著录书名、卷数、版本、页数。《涉园所见宋版书影》,傅增湘编辑,民国二十六年(1937)影印出版。分二辑,第一辑23种50页,均李氏木犀轩所藏。第二辑17种50页,为李氏木犀轩、杨氏海源阁、傅氏藏园所藏。以石印兼玻璃版(珂罗版)按原大套色影印,清晰美观。《文禄堂书影》,王文进辑,民国二十六年(1937)影印。所印为临清徐氏、聊城杨氏藏本及部分残卷。凡宋元刻本共50种。《宋元书影》四卷,又名《宋元书式》。民国三十年

(1941)上海有正书局编辑出版。分经、史、子、集四部,每部一卷。《故宫善本书影初编》,故宫博物院图书馆编辑,民国十八年(1929)该馆影印出版。所取为故宫旧藏,分经、史、子、集四部。经部宋本 9 种、影宋本 2 种、元本 5 种、影元本 1 种。史部宋本 5 种,元本 2 种。子部宋本 1 种,影宋本 2 种,元本 3 种。集部宋本 6 种,元本 6 种。《重整内阁大库残本书影》,故宫博物院文献馆编辑,民国二十二年(1933)影印出版。收宋刻本 7 种、金刻本 1 种、元刻本 4 种、明刻本 14 种、清刻本 2 种、明内府写本 9 种、清写本 1 种,共 38 种 57 页。这部书影是第一部彩色影印的书影。

《明代版本图录初编》,潘景郑、顾廷龙编辑,民国三十年(1941)铜版缩印,齐鲁大学国学研究所专著汇编之四。其编辑缘起有三:第一,明本有珍贵者不在宋元本之下;第二,很多明本流传甚少或遭禁毁;第三,关于明代版刻之著录者少,考证者更少。因此取杭县叶氏、海盐张氏、吴兴刘氏、天津华氏及上海涵芬楼所藏明本编印成书。共十二卷。卷一"分代",自洪武以下至崇祯,每代举一至数种;卷二"监本";卷三"内版";卷四"藩府";卷五"书院";卷六"家刻";卷七"毛刻";卷八"书林";卷九"活字";卷十"套印";卷十一"绘图";卷十二"附录"。前有凡例,后附书名、室名、著者四角号码索引。每卷有概略语,为一卷之总纲,每种后有文字一篇,详其书名、卷数、册数、撰者、刊刻年代、纸质、板框,最后详考版本源流。刊刻年代同时注明公元年份。这部书影第一次将"书影"作"版本图录",明确了书影的职能。也是第一部明代版刻书影,从内容到体例,均为以前各家书影所不可比拟,为建国后《中国版刻图录》之编印提供了参考。《中国版刻图录》,北京图书馆编辑,1961 年文物出版社出版。建国后第一部大型书影,最全面地反映了收藏情况,也反映了编者的编选水平,是书影的集大成之作,也是鉴定古籍版本的重要参考书。第一册为序言和目录。序言叙述了中国古代版刻的发展历史,目录则著录了所收书名、撰者、版本、版刻地、版式、收藏源流等。版刻地点古今异名的加以注释。《中国版刻图录》共收刻本、活字本、版画 550 种,724 页。其中收刻本 460 种,内有唐代 1 种、五代 1 种、宋代 189 种、金代 10 种、元代 60 种、明代 100 种、清代 100 种。活字本 40 种,含明代 28 种、清代 12 种。版画 50 种,含宋代 4 种、元代 5 种、明代 31 种、清代 4 种。《中国版刻图录》以版本类型分类,每类又按版本时代序列,每一时代又按版刻地区排列。采用玻璃版(珂罗版)原大影印(少数版画按原色影印)。这是一部全面反映中国版刻历史及各种版本面貌的综合性书影,从内容到体例都是以前任何一部书影所望尘莫及。加强了时间空间联系,有利于了解版刻发展的历史和版刻中心。也加强了目录的功能,著录详尽,便于检索。所收版本全面而有代表性,鉴定亦颇精到。《中国版刻图录》所收除北京图书馆藏书外,还有上海图书馆、南京图书馆、辽宁省图书馆、北京大学图书馆、上海博物馆、四川省图书馆藏书及部分天一阁藏书。《中国版刻图录》只收刻本、活字本,抄本、稿本、批校本尚未录入。建国后上海图书馆也影印了一册《善本书影》,除收宋、元、明刻本外,还收著名的抄本、稿本、批校本,对于上述版本的鉴定大有益处。

近年出版的书影、图录列表

书名	作者	版本
宋元版刻图释	陈坚、马文大	2008 年,学苑出版社
宋元书刻牌记图录	林申清	1999 年,北京图书馆出版社
明代版刻图释	周心慧	1998 年,学苑出版社
明代版刻图典	赵前	2008 年,文物出版社
清代版刻一隅	黄裳	1992 年,齐鲁书社 2005 年,复旦大学出版社
清代版本图录	黄永年、贾二强	1997 年,浙江人民出版社
清代版刻牌记图录	国家图书馆	2007 年,学苑出版社

清代内府刻书图录	翁连溪	2004 年,北京出版社
中国古籍稿钞校本图录	王世伟、陈先行等	2000 年,上海书店
明代闵凌刻套印本图录	王荣国、王筱雯、王清原	2006 年,广陵书社
中国古籍版刻图志	熊晓明	2007 年,湖北人民出版社
上海图书馆藏宋本图录	上海图书馆	2010 年,上海古籍出版社
第一批国家珍贵古籍名录图录	国家图书馆、国家古籍保护中心	2008 年,国家图书馆出版社
第二批国家珍贵古籍名录图录	同上	2010 年,国家图书馆出版社
第三批国家珍贵古籍名录图录	同上	2012 年,国家图书馆出版社
中华典籍聚珍——国家珍贵古籍特展图录	国家图书馆古籍馆	2009 年,浙江古籍出版社
册府撷英:国家珍贵古籍特展图录(2009)	国家图书馆古籍馆国家古籍保护中心	2009 年,国家图书馆出版社
《楮墨芸香》(国家珍贵古籍特展图录2010)	同上	2010 年,国家图书馆出版社
中国国家图书馆古籍珍品图录		1999 年,北京图书馆出版社
江苏首批国家珍贵古籍名录图录	江苏省文化厅、省古籍保护中心	2008 年,凤凰出版社
江苏第二批国家珍贵古籍名录图录	同上	同上
江苏第三批国家珍贵古籍名录图录	同上	同上
天津图书馆古籍善本图录	天津图书馆	2010 年,天津古籍出版社
南京图书馆珍本图录	南京图书馆	2007 年,江苏人民出版社
烟台市珍贵古籍名录图录	编委会	2010 年,齐鲁书社

第一批山西省珍贵古籍名录图录	山西省图书馆、省古籍保护中心	2011 年,山西出版集团,山西人民出版社
首都图书馆馆藏珍品图录		2001 年,天津人民美术出版社
上海图书馆馆藏精选		1996 年,上海科技文献出版社
苏州市国家珍贵古籍名录图录	苏州市文化广电新闻出版局	2011 年,西泠印社
陕西省图书馆馆藏珍品图录		
浙江省图书馆馆藏珍品图录		
湖北省图书馆古籍善本图录		
常熟图书馆古籍善本图录		内部交流
山东省图书馆馆藏珍品图录	山东省图书馆	2009 年,齐鲁书社
吉林省图书馆馆藏珍品图录	吴爱云	2009 年,吉林人民出版社
辽宁省图书馆藏古籍精品图录		
云南省图书馆馆藏珍品图录		
天一阁国家珍贵古籍名录图录		北京出版社
四川图书馆馆藏珍品集		
北京大学图书馆藏善本书录	张玉范、沈乃文	1998 年,北京大学出版社
上海师范大学图书馆馆藏精品图录		2010 年,上海古籍出版社
山西大学藏珍贵古籍图录	张梅秀、何满红、刘秀荣	2012 年,三晋出版社

澳门大学图书馆古籍特藏图录		
汉文古籍图录	于兰生、赵兰香	2010 年,甘肃人民美术出版社
祁阳陈澄中旧善本古籍图录	中国国家图书馆、上海图书馆、中国嘉德国际拍卖有限公司	2006 年,上海古籍出版社
西谛藏书善本图录(附西谛书目)	国家图书馆古籍馆	2008 年,中华书局

另外,还有一些重要拍卖会的古籍专场拍卖图录,也可以参考。

以下介绍两种著录古籍版刻的工具书,可与上述书影、图录相互参考使用。

《中国版刻综录》八卷,杨绳信编著,陕西人民出版社 1987 年出版。是中国古代刻书家的刻书目录,刻本以外不录。按时代先后排列,分为宋元版刻、明代版刻、清代版刻、活字与套版四章,附录抄本。每一章按官刻、私刻和刻书者姓名、堂号排列,再按笔画多少为序,列其所刻书的刻书年月、书名、卷数、撰者等项,为研究版本和出版史的参考书。《明代版刻综录》八卷,杜信孚纂辑,周光培、蒋孝达参校,江苏广陵古籍刻印社1983 年出版,线装 8 册。毫无疑问,本目录是属于善本书目,因为著录的是明刻本,明刻本按照今天的划分标准,无疑都是善本书。书中收录的是自明洪武至崇祯二百七十多年间现存的刊本,含官刻、坊刻及家刻本8,000 余种。版印形式则有刻本、套印本、饾版印本、拱花印本、活字印本等。以刊书人即出版者名号、书肆名为纲,按笔画多少为序排列,同一笔画的按笔顺排列,各有一个流水号,刊书人下均载有小传。以所刊书名为目,书名下著录书名、卷数、行款格式、牌记、刻工、写工、版刻年代和地区等出版资料,每书书名后的数码为收藏者代号,可以了解该书的收藏者,便于查考和利用。

九、佚书、引书目录

中国古书在流传过程中,不断遭遇天灾人祸,致使大量文献不断亡佚,而其中的部分内容,保存在被引用的古籍当中。后世学者不断进行辑佚,以发掘和利用失传文献,编辑引用书目,为辑佚工作提供了便利,所以,很多学者参与其中,编辑引用书目。引书目录又称引用书目,是中国古书目录的一种,它至迟在宋代就产生了。它常常冠于一书的卷首,或附于一书的卷末;或收载于其他书中,或自成一书。一方面,说明一部书征引博赡有据;另一方面,随着古书的大量散佚,学者们经常通过某些古书的引用书进行辑佚,因此也越发重视引用书目的编辑。宋代类书《太平广记》卷首有引用书目,列举引用文献 342 种,《太平御览》卷首有《经史图书纲目》,列举引用书 1,690 多种。清代以来,辑佚之学大兴,治引用书目的人也越来越多。如著名学者朱彝尊、汪师韩、赵翼、叶德辉、金武祥等,都重视或编辑过引用书目,据载杨守敬编过《唐宋类书引用书目》八卷,今未见。而沈家本的《古书目四种》则是这一时期引用书目的代表作。

1.《古佚书辑本目录(附考证)》

孙启治、陈建华编撰。收录从先秦至南北朝佚书辑本及现存书佚文辑本,按经、史、子、集分部。有提要,介绍佚书作者简历、历代著录、不同辑本内容的比较与评价。1997 年由中华书局出版,2009 年上海古籍出版社重版,改名为《中国古佚书辑本目录解题》,后附书名、作者索引,按四角号码编排。

2.《古书目四种》

裴松之《三国志注》、刘孝标《世说新语注》、刘昭《续汉书志注》、李善《文选注》被称为"四大古注"。四大古注征引了大量古文献,而且都是唐代以前古籍,有些已经失传,通过四大古注保留了部分佚文,同时也具有重要的校勘价值。所以,为"四大古注"编制引用书目,是很有意义的工作。

《古书目四种》共四编十四卷,沈家本撰。包括《三国志注书目》二卷、《世说注书目》三卷、《续汉书志注书目》三卷、《文选李善注书目》六卷。

《三国志注书目》二卷,又题《三国志注所引书目》,《古书目四种》第一编。南朝宋裴松之(372-451)注《三国志》成书于元嘉六年(429),"古书目之可考者,此为最古矣。"裴注广搜博采众家之说,征引繁富,"所引事迹首尾完具,不似他书之割裂剪裁。六朝旧籍,赖此以存。"这正是沈家本以此目为《古书目四种》第一编的原因。裴注一直被治古文献者所重视,为辑佚家所取资。钱大昕列有裴注引用书目,载《廿二史考异》中,共153种。赵翼也列有裴注引用书目,载《廿二史札记》中,得151种。沈家本病其"遗漏实多而鲜错亦不少",遂重为检录,编成二卷。共著录裴注引书210家:计经部2家,史部142家,子部23家,集部23家等,较钱、赵二家所举多出许多。钱、赵等只列书名,不加解题,不注出处,沈氏皆注某书首见某篇,详加解题,考其作者,征其存亡,明其源流。虽也有所失考处,仍属瑕不掩瑜,不失为引用书目的力作,为治裴注引书的一把钥匙。有《沈寄簃先生遗书》本(民国间沈氏家刊和近今北京市中国书店重刷印二种)、1963年北京中华书局《古书目三种》本(据《沈寄簃先生遗书》原版刷印)。《世说注书目》三卷,又题《世说注所引书目》,《古书目四种》第二编。"古书之存于注释家者,裴世期为最先,稍后即为刘孝标之刘义庆《世说》注。所引之书,今存者十不及一,赖之以传。"刘孝标(462-521),南朝梁人,其注《世说》与裴注《三国志》并为世所重。宋人汪藻有《刘孝标注世说新语叙录》二卷,末记引用书目,惜其目已失传。宋高似孙《纬略》称刘注引援详确,如引汉魏诸史及子传、地理之书皆不必言,只如晋氏一朝史及晋诸公列传、谱录,几百六十家,皆出正史之外,纪载特详,实为注书之法,极为推重。清末叶德辉也编有《世说新语征引书目》,著录近五百种,并略加考案。沈家本以所藏明万历庚辰王世懋刻八卷本《世说新语》为底本,进行著录,计经部35家,史部288家,子部39家,集部42家,释氏10家,共计414家。其别传、家传至80余家,谱牒至30余家,均为隋、唐《志》所不录。沈目虽不及叶目之多,然均注出处,考证翔实。版本同一编。《续汉书志注书目》,一名《续汉书八志补注所引书目》或《续汉书志注所引书目》,《古书目四种》第三编。范晔《后汉书》一百二十卷,其中范晔生前只完成十纪和八十列传,南朝梁刘昭注《后汉书》时,取晋司马彪《续汉书》八志三十卷,补入范书所缺,故名《续汉书八志》。刘昭注《八志》,"所引多古籍,《汉官》为最详。张衡《灵宪》《浑仪》唯见此书。所引尧典六宗之说,梁以前各家无不采入,各有论断,至为详悉。自来考古籍者,多忽略而鲜称述之者。"金武祥有《续汉志刘昭注引书目》,仅列 160 余种,但列书名,不著出处,不加考证。沈家本重为编目,凡经部66 家、史部 112 家、子部 42 家、集部 2 家。体例与版本同前。《李善文选注书目》,又名《李善文选注所引书目》,《古书目四种》第四编。一般认为,李善注《文选》初成于唐显庆三年(658),是《文选》的权威注本。李注对《文选》的传播及后世"选学"的发展都有深远的影响。李注引用了大量当时能够看到的古书,为了不攘人之功,凡所征引,都注明出处。这些古籍唐以后大量散佚,如清人汪师韩所说:"新、旧《唐书》已多不载,至马氏《经籍考》十存一二耳。"所以李注向为辑佚家所推重和取资。汪师韩编有《注引群书目录》二卷,然颇多遗漏,而且有重出等情况。只著书名,偶加按语,很少考证。沈家本以汪目为蓝本,重加辑录,对注目多所纠正和补充。据沈家本自己的统计,经部 215 目、史部 352 目、子部 216 目、集部 815 目、旧注 29 目,共 1,627 目。又为补遗 223 目,补韩目所未备。体例同前三编。沈家本的《古书目四种》,堪称引用书目的成熟之作,可谓异军突起,后来居上。

沈家本把引用书目系统化、专门化,体例也更加完善。每种书均著出首见某篇,兼具索引之功用。《古书目四种》采用互见法,互为引证,互相发明。已见于前编的,此编省略,特简明扼要,节省篇幅。解题各述其源流、流传、存佚,见于各家著录情况,兼考订文字异同。《古书目四种》共著录唐前古书 2,716 目,中多佚书,可以说是一部唐前古文献目录或佚书目录提要,是了解唐前古文献的源流、流传的重要参考书。由于沈家本那个时代的限制,他所见的版本不多,因而其所据的底本非尽为善本,所以《古书目四种》也还存在一些问题。除《李善文选注书目》外,其他三编虽一再重印,其存在的各种问题,并未进行校理,给使用者带来不便。

3.《北魏佚书考》

朱祖延纂,中州古籍出版社1985年版。按经、史、子、集四部分类,共19类,著录北魏佚书62部。

十、推荐书目

人生有限,时间宝贵,想要读尽人间书是不可能的,想要知道哪些书重要、应该读哪些书,就要靠"推荐书目"。通过推荐书目,可以指导我们读书,读好书,因为推荐者都是专家,是他们读书、治学经验的总结。

推荐书目,古已有之。在敦煌遗书"杂抄"中,就有"唐末士子读书目"。元代程端礼著有《读书分年日程》,清初李颙(李二曲)有《读书次第》,陆世仪也开有《十年诵读书目》,清代中晚期有龙启瑞的《经籍举要》。民国时期学者提倡国学,于是纷纷开出举荐书目、必读书目,国学大师胡适的《一个最低限度的国学书目》《实在的最低限度的书目》,梁启超的《国学入门书及其读法》《最低限度之必读书目》,汪辟疆的《读书举要》,李笠的《国学用书撰要》,杨济沧的《治国学门径》《中小学国学书目》,徐敬修的《国学研究常识书目》,胡秋原的《一个最低限度的国民书目》,以及分学科推荐书目等等。但影响最大的推荐书目,莫过于张之洞的《书目答问》了。该书问世以后,一再翻版,影响深远。为《书目答问》作补正的范希曾曾说:"(《书目答问》)书成以来,翻印重雕不下数十余次,承学之士,视为津筏,几于家置一编。"目录学家汪辟疆说:"(《书目答问》)或指示其内容,或详注其版本;其目皆习见之书,其言多甘苦之论。彼其所以津逮后学、启发群蒙者,为用至宏。肩斯任者,然非殚见洽闻、疏通致远之儒,不足以膺此大业。"著名学者余嘉锡也说:"但欲求读其书而知学问之门径,亦惟《四库提要》及张氏之《答问》差足当之。"鲁迅先生也认为:"我以为要弄旧的呢,倒不如姑且靠着张之洞的《书目答问》去摸门径去。"可见备受前人推重,被认为是"百年来影响最大的中国古代书籍推荐书目","近百年来流传很广的一部指引治学门径的目录"。

《书目答问补正》等

《书目答问补正》五卷,清张之洞撰,范希曾补正。《书目答问》刊于清光绪二年(1876),有后印本、重刻本、校刻本、石印本、铅印本、抄本、笺补本、标注本、批注本等多种。民国二十年(1931),范希曾的《书目答问补正》刊行,成为《书目答问》最为流行的本子。有中华书局1963年影印本,1983年上海古籍出版社瞿凤起先生校点本,为繁体字横排版,曾一度流行,比较易得。近年又有多种标点本、增订本、插图本等。《书目答问》为张之洞在四川学政任内为诸生解答"应读何书,书以何本为善"而作,是为了科举考试的需要。当然,所列举的也是成才的必读书目。分正录和附录两部分,收书2,200种左右,分经、史、子、集、丛五类,每类一卷,共五卷。每类之下又分为若干小类,同一类的书按时代先后排列。后有附录。每一类目下有简短说明,指出要点。每种书著录书名、卷数、作者、版本,于版本项指出版本优劣和通行本,以及读书要领。附录一为"别录",内容有"群书读本""考订初学各书""词章初学各书""童蒙幼学各书""劝刻书说",似乎为初学者所设。附录二为"国朝著述诸家姓名略",分为"经学家""史学家""理学家""经学、史学兼理学家""小学家""文选学家""算学家""校勘之学家""金石学家""古文家""骈体文家""诗家""词家""经济家"。在分类上显然秉承《四库全书总目》,但又有所创新,设丛部和附录。所推荐的书,见于《四库全书》的占十分之七八,以晚出的校本、注本为首选,《四库全书》之外的占十分之三四。每类书的选择突出实用性和系统性的原则,注意内在的关联和学术史。无用的、空泛的、偏僻的、淆杂的不选,注释浅陋、妄加删改、编刻有误的不选,流传无序的不选,没有刊本的不选,流传极少、无从购置的旧版、旧钞本不选。经部选择有家法、实事求是者,史部选择义例雅饬、考证详核者,子部选近代和实用者,集部选最著名者。在选书上具有厚今薄古和突出实用的倾向。附录部分所推荐的书目和学术流派、学术人物,都是作者认为最具代表性的,体现了作者的读书、治学经验和学术精神,对于今人研习国学和继承传统文化精髓仍然具有重要的指导意义。范希曾的《补正》是在尊重《书目答问》原书旨意的基础上进行的,补录书1,200种左右,多为《书目答问》成书以后的著作,作者如俞樾、周寿昌、李慈铭、陆心源、杨守敬、王先谦、李文田、叶昌炽、孙诒让、皮锡瑞、章炳麟、刘师培、罗振玉、王国维等,版本上尽量列举辑补校注本,对《书目答问》也做了一些纠误补阙的工作。《书目答问》和《补正》对于研习国学和中国传统文化具有全方位的指导意义,当然,也存在着一些观念上的局限和学术上的错误,在阅读时要加以注意。

第七讲 从《四库全书总目》 到《中国古籍善本书目》

——关于书的书之二

一、文史书目举要

1.《楚辞书目五种》等

姜亮夫著,1961 年中华书局上海编辑所出版,1993 年上海古籍出版社重印,2002 年收入由云南人民出版社出版的《姜亮夫全集》。所谓"五种",第一种《楚辞》书目提要,内分辑注、音义、论评、考证四类。第二种《楚辞》图谱提要,内分法书、画图、地图、杂项四类。第三种绍骚隅录,著录历代摹拟《离骚》的篇名。第四种《楚辞》札记目录,著录宋以来各家读书笔记中考论《楚辞》的篇章文字。第五种《楚辞》论文目录,为"五四"以来有关《楚辞》的论文目录,是《楚辞》最具影响的书目。其后有洪湛侯主编的《楚辞要籍解题》和崔富章编著的《楚辞书录解题》。《楚辞要籍解题》,湖北人民出版社 1984 年版,重点介绍了汉代至晚清《楚辞》研究专著 38 种,现当代著作24 种,共计 62 种,分别介绍作者、内容、版本、馆藏地等。《楚辞书录解题》,崔富章著,高等教育出版社 2010 年出版。分为《楚辞》著述、《楚辞》图谱、绍骚隅录、《楚辞》札记四部分,著录相关图书 525 种,含日本出版物 30 余种。著录项目为书名、卷数、著者、内容提要、版本、序跋等。被认为是继姜亮夫《楚辞书目五种》之后体例最为完备、资料最为丰富的楚辞目录学著作。

2.《唐集叙录》等

万曼著,中华书局 1980 年出版,河南大学出版社 2008 年再版。本书是 108 种传世的唐人诗文别集的提要,含唐人诗集、文集、诗文合集。著录著者、书名、卷数、成书年代、编者、刊者、收藏者等项,均按时代先后作了较为详尽的介绍。重点考证了版本源流与流传、编次体例等。作者广征博引正史传记、艺文志、经籍志,官、私书目,对前人的著录、校勘成果多有征引和考证、梳理,是本书的学术价值所在。袁行云著有《清人诗集叙录》,文化艺术出版社 1994 年出版。作者估计清人诗集约有 7,000 种,《叙录》收录清代诗人 2,508 家诗集 3,106 种,几近半数。

3.《晚清戏曲小说目》等

《晚清戏曲小说目》,阿英编,1954 年上海文艺联合出版社出版。阿英收藏晚清戏曲小说丰富,且勤于研究、整理和编目,被称为继胡适和鲁迅之后中国近代文学研究的开拓者之一。此书由《晚清戏曲目》和《晚清小说目》两部分组成。《小说目》分创作、翻译二卷,以单行本为主,旁及杂志所载。创作录 479 种,翻译录 628 种。著录著者、卷数(回数、册数)、版本等项。《晚清戏曲录》收传奇、杂剧、地方戏、话剧等,共 161 种,其中传奇 54 种,杂剧 40 种,地方戏 51 种,话剧 16 种,各著录剧名、作者、分类、版本、本事等等。此书对 1949 年以后中国戏曲、小说研究产生过影响和推动力,是研究近现代文学必读的书目。除此书目外,阿英还编过《晚清文艺报刊述略》《晚清小报录》《近代国难史籍录》《中英鸦片战争书录》《太平天国书录》《甲午中日战争书录》《庚子八国联军战争书录》等,是收藏者和研究者的典范。《中国文言小说书目》,袁行霈、侯忠义编,北京大学出版社 1981 年出版。文言小说是相对于宋元以后白话和通俗小说而言的。程毅中编著有《古小说简目》,中华书局 1981 年出版,收录先秦至五代文言小说 450 种左右。本书目共著录现存和已经失传的文言小说2,000 多种。分五编:第一编先秦至隋,第二编唐五代,第三编宋辽金元,第四编明代,第五编清代。取材于正史艺文志、经籍志,官、私书目及地方文献等,被誉为第一部完整的文言小说目录。宁稼雨编著有《中国文言小说总目提要》,齐鲁书社 1996 年出版。收录范围为先秦至 1919 年间的单篇文言小说、文言小说集、文言小说丛书、文言小说类书等。按时代分为"唐前""唐五代""宋辽金元""明代""清代至民初"五编,共计2,184种,异名516种。另附"剔除书目"292种,异名57种,"伪讹书目"172种,异名4种。全书共收2,648种,异名577种,总计3,225种,可互为参读。《唐五代志怪传奇叙录》,李剑国编著,南开大学出版社1993年出版。分六卷,共著录唐、五代单篇志怪与传奇集325种。叙录内容为作者、著录情况、版本、流传、篇目变化、价值及影响等。《中国古代小说总目》,石昌渝主编,2004年山西教育出版社出版。分文言卷、白话卷、索引卷三部分。文言卷著录1912年以前各种版本文言小说2,904种,异名582种,总计3,486种;白话卷著录1,251种,异名184种,总计1,435种,文言、白话总计4,921种。虽名总目,实有提要。提要内容为作者生平、情节梗概、学术评价、版本情况、海外影响。索引卷含人名、书名、地名、书坊、年号等。《中国古代小说总目提要》,朱一玄、宁稼雨、陈桂声编著,人民文学出版社2005年出版。分上、下两编,上编为文言部分,下编为白话部分,后附书名、作者音序索引;书名、作者笔画索引。收录范围上起先秦,下讫清末,由清入民国的,也在收录之列。文言部分收2,192种,异名350个,共2,542种。白话部分收1,389种,异名759种,共2,148种。上、下编共计4,690种,不及《中国古代小说总目》的数量。提要内容包括作者简介,书名与异名,版本与流传,内容简介与故事源流,艺术特点与影响等。《中国通俗小说书目》,孙楷第编,民国二十一年(1932)出版,有1957年作家出版社铅印本,人民文学出版社1982年增订本等。收录宋代至清末白话小说800多种。分为四部:宋元部;明清讲史部;明清小说部甲;明清小说部乙。著录书名、卷数、回数、版本、作者介绍、存佚,孤本、珍本兼记行款、收藏者,书后有附录及书名索引、著者姓名及别号索引。作者还著有《日本东京所见小说书目》《大连图书馆所见小说书目》,人民文学1958年、2012年版合订出版,三目共著录通俗小说近千种。《中国通俗小说总目提要》,江苏省社科院明清小说研究中心、江苏省社科院文学研究所编,中国文联出版社1990年出版。著录1911年底以前出版的古代通俗小说 1,164 种。提要由专家和各收藏馆 100 余人撰写，内容由书名、作者、版本、内容提要和回目五个部分组成。书后附有《中国通俗小说书目》补编，《晚清小说目》补编，同书异名通检，音序、笔画索引，作者姓名及别号索引。是第一部通俗小说总目提要。内容提要即小说的故事情节梗概，还有回目，都为见不到原书者提供了最大程度的参考资料。

4.《录鬼簿》等

《录鬼簿》二卷，元钟嗣成著，有文学古籍刊行社 1957 年版，马廉校注，上海古籍出版社 1978 年新 1 版等多种版本。是第一部著录元代戏剧、散曲作家与作品的目录，对后世影响深远。收录金末至元代中期杂剧作家 80 人、散曲作家 72 人，著录元杂剧 452 种。明人著有《录鬼簿续编》一卷。《曲海总目提要》四十六卷，董康编。古典戏曲书目。民国初年董康以佚名氏《乐府考略》两种版本互相校补，与清人黄文旸《曲海》（又名《曲海目》或《曲海总目》）互为校勘，编为四十六卷，于民国十七年（1928）由上海大东书局出版，名为《曲海总目提要》。著录杂剧、传奇 684 种，含有元杂剧以及明代和清初的杂剧、传奇，部分地方戏如弋阳诸腔，以明代传奇、杂剧居多。提要介绍剧情、故事来源、作者简论和评价。1959 年人民文学出版社再版时加入了杜颖陶《曲海总目提要补编》。虽然书名为"总目提要"，但由于时代的局限，还有很多作品没有收录进去。又有清初佚名氏编《传奇汇考标目》及"别本"，长期以抄本形式流传，收入 1959 年中国戏剧出版社出版的《中国古典戏曲论著集成》第 7 册。《传奇汇考标目》著录作品 680 种左右，"别本"又有订补。《曲录》六卷，国学大师王国维撰。清宣统元年（1909）刊本，《王国维遗书》本，上海书店1983 年影印本易见。言近代曲学大师，吴梅和王国维不可不知。吴梅除了致力于研究戏曲史，还能表演和创作，著有《顾曲麈谈》《曲学通论》《中国戏曲概论》等。王国维主要研究戏曲文献和戏曲史，著有《中国戏曲史》和《曲录》。《曲录》分宋金杂剧院本部、杂剧部上、杂剧部下、传奇部上、传奇部下、杂剧传奇总集部六部,每部一卷,共著录曲目3,178种。学者认为《曲录》是近代中国第一部剧目汇编性专著。王国维根据吴昌绶《宋金元词集见存卷目》,仿朱彝尊《经义考》撰《词录》,为词集目录,由徐德明整理,学苑出版社2003年出版。

《中国古典戏曲总录》,中国戏曲研究院主编,傅惜华编,《中国戏曲史资料丛刊》之一。是著录宋、金、元、明、清戏剧的总目录。全书八编,初编《宋金元杂剧院本全目》,二编《宋元戏文全目》,三编《元代杂剧全目》,四编《明代杂剧全目》,五编《明代传奇全目》,六编《清代杂剧全目》,七编《清代传奇全目》,八编《中国古典戏研究书目》,陆续出版。已出版三、四、五、六共四编。三编《元代杂剧全目》,作家出版社1957年出版,著录元代杂剧曲目737种,包括元人杂剧作品550种,元明之间无名氏作品187种。四编《明代杂剧全目》,1958年作家出版社出版,收明杂剧523种,其中可考者349种,无名氏作品174种。五编《明代传奇全目》,人民文学出版社1959年出版,著录明代传奇曲目950种,其中有姓名可考者618种,无名氏作品332种。六编《清代杂剧全目》,人民文学出版社1981年出版,著录清代杂剧1,300种,其中有姓名者550种,无名氏作品750种。七编《清代传奇全目》,收清人传奇1,600多种,已完稿,未及出版,稿本不知去向。傅惜华另编有《北京传统曲艺总录》十六卷,中华书局1962年出版。为北京地区传统曲艺作品目录。著录了清初至1949年以前在北京地区流行的各种民间传统曲目4,000多种。包括八角鼓、牌子曲、快书、石派书、鼓词、莲花落、时调小曲、西调等。本目录取材丰富,作者编目时参考了各种相关资料60多种。作者还编有《元代杂剧全目》《明代杂剧全目》《清代杂剧全目》《子弟书总目》等,是现代搜集、整理、研究传统戏曲的代表人物。《古本戏曲剧目提要》,李修生主编,吴书荫、张燕瑾、张云生、黄克副主编,1997年12月文化艺术出版社出版。收录宋元至清道光、咸丰间戏曲作品比较全面。书后附吴书荫《明传奇佚曲目钩沉》,收录126种;李真瑜《清代剧目补录》,收作品28种,有音序索引和笔画索引。此外有郭英德《明清传奇综录》,收录传世的明清传奇计作家 450 人,作品 1,122 种。梁淑安、姚柯夫有《中国近代传奇杂剧经眼录》,收录 1840—1919 年间传奇、杂剧,计作者 105 家。

几种书目著录戏曲作品列表

书名	作者	版本	收录作品数量(含附录)
《晚清戏曲录》	阿英	1954 年,上海文艺联合出版社	近代杂剧传奇 145 种(不含话剧作品)
《中国古典戏曲总录》	傅惜华	1957—1981 年	元明清杂剧 2,560 种,明传奇 950 种
《古典戏曲存目汇考》	庄一拂	1982 年,上海古籍出版社	戏文 320 余种、杂剧 1,830 余种、传奇 2,590 余种
《中国近代传奇杂剧经眼录》	梁淑安、姚柯夫	1996 年,书目文献出版社	近代传奇杂剧 311 种
《明清传奇综录》	郭英德	1997 年,河北教育出版社	明清传奇 1,122 种
《古本戏曲剧目提要》	李修生	1997 年,文化艺术出版社	宋元明清戏曲 1,663 种

《古典戏曲存目汇考》,庄一拂编著。上海古籍出版社 1982 年出版。著录南宋戏文,元代杂剧,明清杂剧、传奇,附录近代作品。作者参考了 2,700 多种文献,经过爬梳、校理,著录了 4,750 多种古典戏曲,计收戏文 320 多种,杂剧 1,830 多种,传奇 2,590 多种。注出存、佚,存世的注明版本,失传的条目后以"佚"字注明。不论存、佚,都略述内容梗概,题材来源及作品影响。后附"征引有关戏曲资料举要"、"作家名号索引"、"戏曲名目索引"。是历代著录戏曲较多的书目。

5.《弹词叙录》

谭正璧、谭寻编著,上海古籍出版社 1981 年出版。弹词是明清时期的民间说唱曲艺,包括说白和唱词两部分,用三弦或琵琶伴奏,因为一度流行于南方,所以又叫南词。郑振铎有《西谛所藏弹词目录》,收录 117 种。《弹词叙录》收录明清以来的弹词作品 200 种。著录内容为作品全称及卷或章回数,作者及作序者姓名、作序年月,版本及出版时间,被著录情况,作者简介,故事来源及影响,相同题材的其他作品比较等。《中国俗曲总目稿》,刘复、李家瑞等编著,民国二十一年(1932)铅印出版,2011年国家图书馆出版社据以影印。刘复即刘半农。本书是著录以唱为主的曲艺及民间流行的如秧歌、花鼓等类小戏作品的目录。刘复在序中说:"歌谣与俗曲的分别,在于有没有附带乐曲:不附乐曲的如'张打铁,李打铁',就叫作歌谣;附乐曲的如《五更调》,就叫作俗曲。"本目录以孔德学校所藏著名的蒙古车王府曲本以及国立北平图书馆、故宫博物院、中央研究院历史语言研究所藏为根据,共著录俗曲 6,000 余种。这些俗曲流行于中国十余个省份,反映了人民大众的文艺生活,也是地方文化遗存的一部分。

二、史学书目举隅

介绍两种史学书目提要。

1.《增订晚明史籍考》二十四卷

谢国桢著。原名《晚明史籍考》,初版于民国二十二年(1933),1964年上海古籍出版社出版增订本,更名为《增订晚明史籍考》,1981 年重印。著录明万历至清朝康熙年间有关晚明历史的文献 1,140 余种,未见书目620 余种,是研究明末清初历史、主要是南明史的参考书,具有很高的资料价值和学术价值,是史学和文献学结合的模范,也是很有影响的专题文献书目。

2.《明清稀见史籍叙录》

武立新编著,1983 年金陵书画社出版。这是一部由史学工作者撰写的书目提要,收录明清人的史籍 137 种,其中明人著述 71 种,明末清初人著述 17 种,清人著述 49 种,在版本方面有刻本 61 种,抄本 43 种,稿本26 种,活字本 7 种,都是比较珍罕的本子,有比较重要的史料和史学价值。作者在认真研读的基础上,指出其价值所在。在选择上具有学识,在介绍时能够抓住重点,不是泛泛而谈,还抄录既有价值又难得一见的史料,每一篇提要就是一篇很有价值的文章。新中国成立后很长时间都是整理旧有的书目题跋,对馆藏珍本的介绍不够,此书一出,给人耳目一新的感觉,为从事文献著录和整理者提供了借鉴。

三、家谱、年谱目录

家谱是一个家族的兴衰史,年谱是一个人的编年史,都是中华民族史的一个组成部分,而且是最基本的第一手史料。所以,家谱、宗谱、族谱类文献越来越受到重视,正在不断挖掘、整理。

1.《中国家谱总目》

上海图书馆编,上海古籍出版社 2008 年出版。为现存家谱的联合目录。上海图书馆是收藏家谱较多的公共图书馆,本目录以上海图书馆馆藏家谱为基础,广泛搜集海内外家谱收藏信息,收录了 2003 年以前所修家谱含 600 多个姓氏 5 万多种家谱,著录谱名、修谱者、版本、载体形态、装订方式、收藏者等项,附有分省地名索引、谱名索引、纂修者索引、堂号索引、先祖索引、名人索引等 6 个索引,便于检索。

2.《中国家谱综合目录》

国家档案局二处、南开大学历史系、中国社会科学院历史所图书馆编,中华书局 1997 年出版。收录 1949 年以前编纂的中国大陆与台、港、澳地区图书馆、博物馆、文管会、文化馆、档案馆等 400 多个单位所藏华人家谱 14,719 部,为迄今为止著录家谱最多的家谱联合目录。著录书名、卷数、作者及其时代、纂修时间、出版时间、版本、册数、收藏者等项。后附"地区索引"与"报送目录单位名单"。

3.《上海图书馆馆藏家谱提要》

上海图书馆编,上海古籍出版社 2000 年出版。大型家谱书目提要,为上海图书馆所藏的 1949 年以前所修的 1.2 万种家谱的提要。提要由复旦大学、华东师范大学、上海图书馆的专家编写,除了著录谱名、修谱者、版本等项,在提要中还有家族源流、始祖、始迁祖、迁徙路线及分支繁衍情况,以及家谱中保存的家训、族规、契约、年谱、传记、碑铭墓志、名人著述等资料。附人名、堂号等索引,便于查检。

4.《中国历代人物年谱考录》

谢巍编撰,中华书局1992年版。本书收录1983年之前全国图书馆、文物保护单位、海外及私人所藏年谱,并历代文献所著录之年谱6,259种,谱主4,010余人,著录谱主、编者、版本等项,对谱主姓氏、字号、生平仕履、年谱撰者及订补者作了介绍,为著录年谱最多的目录。

5.《中国历代年谱总录》

杨殿珣编,书目文献出版社1980年第一版,1996年增订再版。初版所收年谱止于1979年,再版止于1990年初,著录年谱4,450种,参考文献645条,反映谱主2,396人。有《年谱目录》、《待访年谱简目》和谱主姓名别名索引。

6.《中国历代人物年谱集目》

杭州大学图书馆资料组编印,1962年印行。编者及编辑工作得到姜亮夫先生的指导,以杭州大学图书馆馆藏年谱为主,兼收见于年谱目录著录者,是较早著录馆藏年谱的目录。谱主自先秦至现代,按谱主生年先后排列,每一条目著录谱名、卷数、编者、版本、出处等,对谱主和编者也略加介绍。有谱主索引、编者索引。是1949年以后图书馆界较早关注年谱并编有成书的馆藏年谱目录。

7.《近三百年人物年谱知见录》

来新夏著,上海人民出版社1983年出版。分为六卷,前五卷依次为明清之际人物;顺治、康熙、雍正时期人物,乾隆时期人物,嘉庆、道光、咸丰、同治、光绪时期人物,生于清而卒于辛亥以后人物;第六卷为附录,一为知而未见录,二为索引二种:谱主索引、谱名索引。知而未见者为见于书目著录却有目无书或未能经眼者。全书共著录年谱800多种。每一年谱著录谱名、撰者、刊本、著录情况、谱主事略、史料、编谱情况、藏者。为清代人物年谱的解题目录,体例完善,史料丰富,学术价值高,为后来解题书目的撰写、年谱目录的编写树立了样板。

四、地方志目录

地方志又称方志,是地方文献、区域文献,记载着地方的行政、历史、地理、经济、文化,通过地方志,可以看到"正史"所不载的资料,是对正史的补充。比如地方人物,"大人物"自然有传,但也有很多"名不见经传"的"小人物",例如科举资料,可以记载到秀才、童生;比如诗文,方志里可能保存着作者集外部分作品,还有其他书中不见记载的风俗、物产等等,也是查考家族世系的迁徙、繁衍以及家族人物的最基本资料。《中国地方志联合目录》是查找地方志最重要的工具书。此外还有来新夏主编的《中国地方志综览》(1949—1987),黄山书社 1988 年出版。另有王庸的《中国地理图籍丛考》、邓衍林的《中国边疆图籍录》,不在此一一介绍。

1.《中国地方志综录》

朱士嘉编,商务印书馆于民国二十四年(1935)出版线装本,1958 年出版增订本,改为平装本。是我国第一部具有联合目录性质的中国地方志目录,为《中国地方志联合目录》之滥觞。著录了国内外 50 家图书馆和藏书楼所藏方志 5,832 种、93,237 卷。书后附 17 种方志统计表、15 幅方志统计图、《民国所修方志简目》《上海东方图书馆所藏孤本方志录》《国外图书馆所藏明代孤本方志录》和书名索引。民国二十七年(1938)又把陆续收集的 730 种方志辑成《补编》,发表于《史学年报》第 2 卷第 5 期。增订本补录了 326 种新志,订正了原书 1,200 处错误。增订本共著录了 41 家主要图书馆收藏的 7,413 种、109,143 卷方志,著录书名、卷数、纂修人、版本、收藏馆,按清代行政区划省、府、州、厅、县的次序编排,有数志者,再以时代先后为序排列。行省的次序根据当时中央人民政府内务部编印的《中华人民共和国行政区划简册》排列。书后附《国民党反动派劫运台湾稀见方志目录》,共录 232 种、3,487 卷,《美国国会图书馆掠夺我国稀见方志目录》约 4,000 种,内有稀见本 80 种,另附有《补遗》及《参考书目》《书名索引》《人名索引》,便于检索。

2.《中国地方志联合目录》

中国科学院北京天文台主编,中华书局 1985 年出版。是著录现存中国地方志的最重要目录。是在朱士嘉《中国地方志综录》的基础上,借助于北京天文台主持的"中国天文史料普查",在全国范围内核对现有馆藏,参考其他方志目录编成的一部最具权威的全国现存的地方志联合目录。著录全国省、市、自治区的公共图书馆、科研单位图书馆、博物馆、文史馆、档案馆、大专院校图书馆等190个单位的馆藏方志。收录范围包括通志、府志、州志、厅志、县志、乡土志、里镇志、卫志、所志、关志、岛屿志,以及一些具有志书体例和内容的方志初稿、采访册、调查记等,不录山水志、名胜志等志,时限最早为南朝宋,下限至1949年以前,共著录方志8,200余种,每种方志著录书名、卷数、纂修者、版本、收藏单位以及备注,按照现有的行政区划编排,各省再按府、州、县、乡为序排列,乡土志、里镇志排列于所属县志后,同一地区的方志则按编纂年代先后排列。备注是对于方志的存佚情况,卷数分合,记事起讫,古今地名变迁,书名异称,内容详略,流传情况,收藏单位等加以说明。书前有《藏书单位简称表》,书末附四角号码书名索引和笔画索引及四角号码对照表。查考1949年以后新修方志可参考《中国新方志目录》,书目文献出版社1993年出版第一册,收录1949年10月至1992年2月新修方志9,000多种,包括省、市、县志以及区、街道、乡、镇、村、山水名胜等志。来新夏《中国地方志综览》,黄山出版社1988年版;《中国新编地方志目录》,方志出版社1999年版,收新编方志3,612部。此外,还有区域性的地方志联合目录,据学者统计,《山西省地方志联合目录》著录现存本省方志463种,5,100卷,《山东地方志书目》著录本省旧志597种,新志57种;《河南地方志综录》著录本省方志554种,847个不同版本,21种手稿;《陕西地方志书目》著录自宋至民国各时代旧志407种及新志13种;等等。

3.《中国新编地方志总目提要》(1)

《中国新编地方志总目提要》编纂委员会编,方志出版社2006年出版。收录全国10个省(市、自治区)范围内的1,173部市县级志书,各写有提要,内容为各志书的纂修历史及现状,所在市、县的地情概况,含地域位置、自然状况、历史沿革、政治、经济、文化、民族、信仰、风俗,以及重大事件、人物和志书编纂特色等。计收天津市 18 部、上海市 25 部、河北省 176 部、广东省 112 部、广西壮族自治区 91 部、黑龙江省 147 部、云南省 188 部、江苏省 97 部、山东省 205 部。

五、文字、音韵、训诂书目

《文字音韵训诂知见书目》

阳海清、褚佩瑜、兰秀英编,湖北人民出版社 2002 年出版。1911 年以前成稿并出版、抄写的文字、音韵、训诂著述一概收录,1911 年以后的择要收录。先总类,后分类,总类为丛书,分类为单行著作。整个书目的分类采用《中国丛书综录·子目》的分类体系,并参考传统小学分类法酌加调整、损益。全书共收录各类著作 4,813 种,12,067 部。每一部著录项目含书名、种数或卷数、作者、版本等,每部皆有编号,是目前所见的最全面的文字、音韵、训诂学著述书目。末附丛书收藏单位表、235 个藏书单位名称表(以上两种表按四角号码检字法编排)、书名四角号码索引、著者四角号码索引、笔画检字表、参采书目文献举要 80 种,便于检索。

六、金石、甲骨、敦煌学书目

1.《百年甲骨学论著目》

宋镇豪主编,语文出版社 1999 年出版。殷墟甲骨文的发现,是 20 世纪中国五大考古发现之一,改写了中国文字的历史,印证了文献记载的殷商世系为信史。围绕甲骨文开展的研究被称为甲骨学。甲骨学已经形成了一系列成果,相关目录的编辑出版为开展研究之基础,也是成果的一部分。民国二十四年(1935)商务印书馆出版了邵子风的《甲骨学书录解题》。1984 年中华书局出版了胡厚宣的《五十年甲骨学论著目》。1988 年书目文献出版社出版了刘一曼等编著的《甲骨文书籍提要》,收录甲骨学著作 237 种。本书是甲骨文发现一百年以来研究成果的总目录,著录了自 1899 年殷墟甲骨文发现,至 1999 年 6 月以前一百年间海内外所有公开或正式发表的关于甲骨文及甲骨文与殷商史研究的著作和论著 10,946 部(篇),包括日本、美国、加拿大、英国、法国、德国、意大利、比利时、荷兰、瑞典、瑞士、俄国、匈牙利、澳大利亚、韩国、新加坡等十多个国家出版和发表的各种语种的论著。按甲骨发现、甲骨综论、甲骨著录、甲骨研究、专题分论、甲骨类编、书刊评介、其他杂著、学人传记、附录共十大类编排,书后附编年、作者、篇名索引。该书不仅是甲骨学论著目录,也反映了中国和世界百年甲骨学学术史。

2.《敦煌古籍叙录》五卷

王重民著,商务印书馆1958年出版,中华书局1979年新1版。敦煌文献在20世纪初被发现,大量敦煌遗书被英、法、德、俄、日、美国人捆载而去。由于传世古籍多为宋代以后的写本和印本,而敦煌遗书都是唐代以前的古文献,所以,填补了唐前传世古籍的空白,被称为20世纪中国五大考古发现之一,很快引起学界的关注,并形成20世纪的显学——敦煌学。由于敦煌文献的精华大量被掠往海外,影响到国内敦煌学研究的进程,所以,从20世纪30年代开始,不断有学者到海外访书,向达、王重民就是当时派往海外访书的学者。王重民先后到法、英、德、意、美阅书,并撰写提要和编辑各种书目,如《巴黎敦煌残卷叙录》等。《敦煌古籍叙录》,是王重民自己在巴黎和伦敦阅书时撰写的题记和罗振玉、王国维、刘师培、陈寅恪等学者撰写的敦煌文献题跋的汇编。卷一经部著录24种;卷二史部著录25种;卷三子部上,著录43种;卷四子部下,著录19种;卷五集部,著录33种,一共著录144种。内容以经、史、子、集四部文献为主。此书是中国敦煌学史上的重要成果,对中国敦煌学有深远的影响。在此基础上,1962年商务印书馆出版了《敦煌遗书总目索引》,总目包括《北京图书馆藏敦煌遗书简目》《斯坦因劫经录》《伯希和劫经录》《敦煌遗书散录》,实际上也是王重民等主编的。由于《敦煌遗书总目索引》具有很高的学术和资料价值,中华书局1983年出版了修订重印本,以满足学者需求。敦煌研究院施萍婷等有《敦煌遗书总目索引新编》,中华书局2000年7月出版。

3.《金石书录目》二卷、附录二卷

容媛编,民国十九年(1930)上海商务印书馆出版。民国二十四年

（1935）再版，收录金石著作 977 种。分为总类、金类、钱币类、玺印类、石类、玉类、甲骨类、陶类、竹木类、地志类。著录书名、卷数、著者、版本。书后附录"方志中金石志目""金石丛书目""朝代人名通检""书名通检"。容媛还著有《金石书录目补编》，刊登于《考古通讯》1955 年第 3 期，所录为 1949 年以前的金石文献。此类书目，还有叶铭《金石书目》一卷，清宣统二年（1910）刊行，著录金石学著述 492 种。凌霞《癖好堂收藏金石小学书目》，著录 400 余种，民国刻本。田士懿《金石名著汇目》一卷，续一卷，民国十四年（1925）刊行，著录金石书籍正目 271 种、续目 301 种、补遗 55 种、失录 31 种等等，共 662 种。黄立猷《金石书目》十卷，民国十五年（1926）刊行，著录 878 种，补遗 47 种。林钧《石庐金石书志》二十卷，民国十七年（1928）刊行，著录 969 种。朱希祖有《宋代金石书录》三卷，罗振玉有《金石书录》一卷，民国三十年（1941）刊行。杨殿珣撰有《宋代金石书考目》《宋代金石佚书目》，经容庚校补，刊登于考古学社社刊，还撰有《石经论著目录》6 册稿本，《清代金石著述录目》稿本，收录清代 630 位作者、金石著作 1,237 种、附考 152 种，等等。金石可以证史，可以补史，金石铭刻又是艺术。金石文献在宋代被关注并进行著录，如赵明诚的《金石录》，就是早期著名的金石学著作，奠定了金石学的基础。容媛的《金石书录目》把钱币、甲骨、陶、竹木也划归到金石类，现在看来有点过于宽泛，因为材质本就不同，加上各自都已形成系列，逐渐分离出来，独立门户了。

七、书画书目

《书画书录解题》十二卷

余绍宋撰。民国二十一年（1932）国立北平图书馆排印本，浙江人民出版社 1982 年据以影印。为解题或提要书目，是历代书法、绘画著述的总目提要。分为史传、作法、论述、品藻、题赞、著录、杂识、丛辑、伪托、散佚等十类，每一类又分若干小类。前有"总目叙略"，后有"著者索引"，体例完备。每篇提要书名、卷数之下注明版本、作者简介，然后进行解题。解题的内容为内容介绍、考证、评价，并录序跋。作者为书画家、学者，书中有很多作者的真知灼见，是近代很有影响的书画书目。可参考《中国书法论著辞典》来使用。

八、中医药学书目

中医药学是中国也是世界医学瑰宝，除了有治病救人的良方，还蕴含着博大精深的理论和文化，精髓就在传世的中医药图书中。

1.《全国中医图书联合目录》

中国中医研究院图书馆编。1958年，经过对全国中医药图书存藏情况的调研，中国中医研究院和北京图书馆联合主编了《中医图书联合目录》，收录了全国59个图书馆和两位私人藏书家收藏的中医图书7,661种。《全国中医图书联合目录》是在《中医图书联合目录》基础上经过普查完成的，总共收录113个图书馆截至1980年底为止的馆藏中医药学图书12,124种，1991年中医古籍出版社出版。

2.《中国中医古籍总目》

薛清录主编，上海世纪出版股份有限公司、上海辞书出版社2007年出版。重点收录1911年以前出版的中文中医药古籍和民族医药古籍，1949年以前出版的也有收录。外国人所著的中医药著作，只收中文原著或中文译本。本目录具有联合目录性质，是在原有工作基础上，经过普查编纂而成。共收录全国150家图书馆、博物馆收藏的中医图书13,455种。较之《全国中医图书联合目录》，版本一项增加了3,652个版本。本目录分类编排，有收藏馆代号和书名、作者索引。附录台湾地区各馆所藏中医古籍目录。

九、丛书目录、总书目

1.《中国丛书综录》

上海图书馆编，顾廷龙主编。1959—1962年出版，1981年校订重印，是最重要的中国古籍丛书的目录。共收录全国47个图书馆收藏的中国古籍丛书2,797部，这些丛书包括7万多种图书（即子目），去掉各个丛书重复收录的仍有 38,891 种,而且不包括近代以来编辑的很多丛书在内。《中国丛书综录》分为 3 大册,第 1 册为"总目分类目录",是丛书的目录。包括"汇编"和"类编"两部分。"汇编"分"杂纂""辑佚""郡邑""氏族""独撰"等 5 部分,"类编"按经、史、子、集四部分类法分类。每一丛书著录书名、辑者、版本、子目。后附"丛书书名索引"、"全国主要图书馆收藏情况表",反映各馆收藏丛书的情况,方便广大读者了解和利用现存丛书,便于检索。第 2 册为"子目分类目录",也采用经、史、子、集四部分类法分类,每种书著录书名、著者和所属丛书。第 3 册为"子目书名索引""子目著者索引",按四角号码排列,用来检索子目的书名和著者,是使用第 2 册的工具。后附"四角号码检字法""索引字头笔画检字法""索引字头拼音检字法"等。此书是了解丛书、使用丛书的最重要、最实用的工具书,在各馆馆藏目录体系不完备、没有子目目录和索引的情况下,可以用此书来进行检索。《中国丛书综录》出版以后,又陆续出版了部分补正、续编的成果,形成了系列。

2.《中国丛书综录补正》

阳海清编撰、蒋孝达校订,江苏广陵古籍刻印社 1984 年出版。对《中国丛书综录》丛书及子目的书名、版本、作者、卷数等进行了补充、订正,涉及丛书 1,100 多种,是系统研究《中国丛书综录》的代表之作。

3.《中国丛书广录》

阳海清编撰,赵兴茂、陈彰璜参编,湖北人民出版社 1999 年出版。收录 1990 年以前海内外刊行的中国古籍丛书 3,279 种,都是不见于《中国丛书综录》著录者。分为上下两册,上册为丛书分类简目、丛书分类详目、丛书书名索引、丛书编撰者、校注者、刊刻者索引,下册为子目分类索引、子目书名索引、子目著者索引。索引均按四角号码编排,另附索引字头笔画和汉语拼音检字。

4.《中国丛书综录续编》

施廷镛编撰,北京图书馆出版社 2003 年出版。收录丛书 1,100 余种,都是《中国丛书综录》没有收录的。前有丛书概述,以下依次为丛书分类简目、丛书分类详目。分类简目著录内容,详目与《中国丛书综录》分类方法大体一致。书后附丛书备考、丛书书名索引、丛书著者索引、丛书子目书名索引、丛书子目著者索引、丛书子目分类索引等。丛书备考中含有编者自己对丛书的研究成果,订正了《中国丛书综录》和《中国丛书广录》的一些讹误。篇幅不是很大,但学术价值含量高。

5.《中国近代现代丛书目录》

上海图书馆编。本目录是《中国丛书综录》的后续,因为《中国丛书综录》不收近代以后编辑出版的丛书,此书则著录近现代编辑出版的丛书。上海图书馆收藏近现代丛书比较丰富,本目录著录该馆馆藏 1902—1949 年出版的丛书 5,549 种,单种(子目)30,940 种,按丛书书名笔画为序编排,著录编者、出版时间、出版社、子目。子目注明著译者、出版时间、版次、页码。正文前有"丛书书名首字索引",书后附有"丛书出版系年表"。为了便于检索,1982 年上海图书馆编印了《中国近代现代丛书目录索引》,分上、下两册,上册为"子目书名索引",按笔画为序编排,标明该子目在总目中的页码。下册为"子目著者索引",按姓氏笔画顺序编排,著者之下注明其所有著作。后附"中国著者名、字、号、笔名录"、"外国著者中文译名异名表"。

《民国时期总书目》(1911—1949)

北京图书馆编,书目文献出版社 1986 年开始陆续出版。收录 1911—1949 年出版的汉语图书约 10 万种,以北京图书馆、上海图书馆和重庆图书馆馆藏为主。计划按学科分为 20 个分册,已出版有法律、语言文字、外国文学等分册。是查找 1949 年以前中文旧书的工具书,也是普查、保护民国文献、建数据库的重要参考书。

《全国总书目》,中国版本图书馆编,中华书局出版。是 1949 年以后以国家出版物呈缴本制度为保障,在《全国新书目》(月刊)和《全国总数目》(年刊)基础上汇编、合订成书的。有 1949—1954 年合订本;1955—1965 年每年出版 1 册;1966—1969 年停刊,1970 年恢复出版,每年出版 1

册。每册由分类目录、专题目录、附录组成，每种书有简短提要，是查考1949年10月以后出版物的主要工具书。

《全国中文期刊联合目录》(1833—1949)

全国图书联合目录编辑组编，初版于1961年，有书目文献出版社1981年增订本。收录全国50个省、市级以上图书馆所藏1949年以前期刊两万种。每种期刊注明刊名，刊期，编者，出版者，创刊、停刊卷期及年月，馆藏地。按刊名首字笔画排列，书前有参加馆名称代号、地址表，刊名首字汉语拼音及笔画检字表，便于检索。是查考、使用1949年以前现存期刊的联合目录，也是普查和保护民国文献、建数据库的重要参考文献。

十、书目丛书

书目汇编，或称之为书目丛书，也是丛书的一种。此种书目早已有之，如叶德辉的《观古堂书目丛刊》、陶湘的《武进陶氏书目丛刊》等。近年也出版多部，如1987年现代出版社的《中国历代书目丛刊》，1994年书目文献出版社的《明代书目题跋丛刊》，2002年北京图书馆出版社的《国家图书馆藏古籍题跋丛刊》，上海古籍出版社也将历年整理出版的古籍题跋书目汇为《中国历代书目题跋丛书》出版。

1.《宋元明清书目题跋丛刊》

中华书局编，2006年中华书局影印出版。为大型书目丛书，是在该社1990至1995年出版的《清人书目题跋丛刊》十辑的基础上增补扩充而成的。分为宋、元、明、清四卷，宋代卷收录10种，元代卷3种，明代卷47种，清代卷35种，共计95种。清代卷以提要目录和题跋为主。附录日本书目《经籍访古志》《古文旧书考》2种。每种书目均有影印说明，介绍作者、内容、版本及流传。

2.《中国少数民族古籍总目提要》

国家民族事务委员会全国少数民族古籍整理研究室编，中国大百科全书出版社出版。这是一项在编的规模宏大的古籍整理出版工程，1997年立项，1998年开始实施，陆续分卷出版，计划出60卷，100余册，目前已经出版的就所陆续看到的有纳西族卷、回族卷、鄂伦春族卷、鄂温克族卷、锡伯族卷、达斡尔族卷、苗族卷、黎族卷、侗族卷、土族卷、撒拉族卷、毛南族卷、京族卷、维吾尔族卷、俄罗斯族卷、塔塔尔族卷、乌孜别克族卷、塔吉克族卷、哈萨克族卷、哈尼族卷、仫佬族卷、羌族卷、土家族卷、柯尔克孜族卷、东乡族卷、裕固族卷、保安族卷等。每一卷内容为书籍类、铭刻类、文书类、讲唱类（包括神话传说、民间故事、史诗歌谣）等，不仅是古籍，也包括其他民间文献。部分内容图文并茂，是对中国少数民族语言、文化的大发掘、大抢救。

十一、专书书目

关于一种书的专门书目，如一书的版本目录，围绕一书的所有文献目录等等。

《史记书录》，贺次君著，1958 年商务印书馆出版。收录历代《史记》各种版本 64 种，计六朝抄本 2 种，唐抄本 9 种，北宋刻本和翻刻本 3 种，南宋刻本 13 种，元刻本 3 种，明刻本 27 种，清刊本 5 种，民国版本 2 种，是汇集《史记》版本最多的书目。作者对每一版本进行详细著录，考证其源流，是研究《史记》最基本的参考书，也是必读之书。《红楼梦书录》，一粟编著，中华书局 1959 年新 1 版，增订本，1963 年新 2 版。收录自《红楼梦》问世以来至 1954 年 10 月有关作品约 900 种，分为版本、译本、续书（附仿作）、评论（附报刊）、图画、谱录、诗词、戏曲、电影、小说等类，每一类按时代为序排列，后附书名索引、人名索引。本书录与《史记书录》不同，前者只收《史记》版本，本书录除了版本，兼收研究论著和其他与《红楼梦》有关的资料，是研读《红楼梦》的必备工具书。

第八讲　为"图书"正名

——图谱与地图附年表

　　"图"和"书"见于《易·系辞上》:"河出图、洛出书。"关于"河图"和"洛书",尽管历来说法不一,但无疑和中华文明的起源息息相关,也是已知的见于文献记载的"图书"一词的源头。"图书"一词见于《史记·萧相国世家》:"(萧)何独先入,收秦丞相御史律令图书藏之。"这里是指地图、法律和户籍等最珍贵的国家档案,一般除了自然灾害,就是国家灭亡,才会失守。和图书有关的还有"图籍",内容和图书差不多。所以,早期的图书概念就含有图的成分。后来律令、户籍等档案渐渐从"图书"中分离出去,而"图书"变成了笼统的书籍的概念,"图"也逐渐地有了归属,形成了专门的科目,地图等入了地理类,如舆图、图谱、图录等等。在分类方面,唐代修《隋书》,其《经籍志》就有"谱系"一类,载有《竹谱》《钱图》,而后《唐书》《文献通考》等把《钱谱》《香谱》等入"农家类"。宋代的尤袤,在其个人藏书目录《遂初堂书目》中,创立《谱录》一门,收录《香谱》《石谱》《蟹录》等书,于是相沿成习。清乾隆《四库全书总目》卷一百一十五卷子部第二十五卷有"谱录类"及卷一百一十六卷子部第二十六"谱录类"存目,分为器物类、食谱、草木鸟兽虫鱼等类,著录多种谱书和录书。谱录类器物之属收录 24 部,199 卷,附录 1 卷,食谱之属 10 部,19 卷,草木鸟兽虫鱼之属 21 部,145 卷,谱录类存目器物之属著录 31 部,219 卷,食谱之属 23 部,64 卷,草木鸟兽虫鱼之属 35 部,202 卷。如《香谱》《云林石谱》《茶经》《茶录》《宣和北苑贡茶录》《酒谱》《糖霜谱》《扬州芍药谱》《范村梅谱》《刘氏菊谱》《史氏菊谱》《范村菊谱》《百菊集谱》《金漳兰谱》《海棠谱》《荔枝谱》《橘录》《竹谱》《笋谱》《菌谱》《蟹谱》等,但多无图。

古代有图的书不少,现代就更多。从前是手绘、版刻,后来是石印、影印。本讲只涉及图谱和地图的查找,书影、图录入书目类。清代乾隆以前的可以查《四库全书总目》,现存的可以使用《中国古籍善本书目》,以及各种馆藏书目、专题书目。

一、图谱

《钦定钱录》十六卷等

金石学者往往把古钱币分入金石类,《四库全书总目》将《钦定钱录》入谱录类,本讲归入图书类,以下介绍的几种谱录书的归类与此相同。《钦定钱录》十六卷,为清朝乾隆内府收藏的古钱币图谱。乾隆十五年(1750)梁诗正、蒋溥等奉乾隆帝之命编撰,有《四库全书》本及影印本。卷一至卷十三,列举历代钱帛,自伏羲氏至明崇祯朝止,按时代先后为序,第十四卷为域外钱币。第十五、十六卷为吉语钱、异钱、厌胜钱。每一品古钱皆有图,每图都有图说,注明朝代、钱文、铸造年代、历史记载等。《考古图》十卷,《续考古图》五卷,《释文》一卷,宋吕大临撰。著录了当时宫廷及一些私家的古代铜器、玉器等藏品。按器形分类编排,每件器物均摹绘图形、铭文,记录了原器的出处、尺寸、重量及容量,并引用相关史料和著录进行考述。第一卷至第六卷为鼎、鬲、甗、敦、簋、缶、彝、卣、尊、壶、爵、觚、豆、盘、匜、盂、弩机、削等商周铜器;第七卷为钟、磬等乐器;第八卷为琥、珌、璧、珮、带钩、杯等玉器;第九卷为灯、洗、权、漏壶、釜、炉、鬲等器;卷十为壶鼎、斗、瓶、卮、耳杯、博山炉、香炉、奁、镇、镜等230多件。《续考古图》收录虎符、鱼符、簋、钫、釜、爵、龟、奁、彝、尊、壶、卣、罍、鬲、觥、鼎、瓿、斗、盘、匜、觚、鉴、洗、铛、炉、香毬、牛匜、镈钟、杖、举、敦、盎、盂、杯、镫、鬲等近百件,体例与《考古图》相同。有《四库全书》本及其影印本。《宣和博古图》三十卷,又名《重修宣和博古图》,简称《博古图》,宋代金石学著作,宋王黼奉宋徽宗之命编撰。著录了宋徽宗时代在宣和殿收藏的自商代至唐代的青铜器839件,是宋代内府收藏青铜器的精华。分为鼎、尊、罍、彝、舟、卣、瓶、壶、爵、斝、觚、斗、卮、觯、角、杯、敦、簠、簋、豆、铺、甗、锭、鬲、镂、盉、盒、镰斗、瓿、冰鉴、冰斗、匜、盘、洗、盆、铏、钟、磬、镈、铎、钲、戚、弩机、镦、灯、钱、砚滴、托辕、承辕、辂饰、表座、旂铃、刀笔、杖头、蹲龙、鸠车、提梁、鉴等，凡二十类。每一类先有总说一篇，论述该类的源流，每一器物均有图，除了器型，还描摹铭文并释文，每一器物都有图说，详细著录器物尺寸、重量、容量、出土地点、收藏家姓名等，对器名、铭文进行考证。有乾隆刻本、《四库全书》本、影印《四库全书》本。《钦定西清古鉴》四十卷，清乾隆十四年(1749)梁诗正、蒋溥等奉乾隆皇帝之命编撰。此书是一部著录清代宫廷所藏古代青铜器的大型图谱。收录商、周至唐代铜器 1,529 件，其中以商、周彝器为多。卷一至七鼎，卷八至十一尊，卷十二罍，卷十三至十四彝、舟，卷十五至十七卣，卷十八瓶，卷十九至二十二壶，卷二十三爵、斝、觚，卷二十四至二十五觚，卷二十六觯、角、斗、勺、卮，卷二十七至二十八敦，卷二十九簠、簋、豆、铺、鍪，卷三十甗、锭、镫，卷三十一鬲、镂、盉、冰鉴，卷三十二匜、盘、洗、盆、铏，卷三十三洗、盂、盆，卷三十四量、区、锺、斗、瓿，卷三十五盒、镰斗、灯、罐、臼，卷三十六钟、铎、铃，卷三十七镈、戚、铙、鼓，卷三十八刀、剑、弩机、符、镬、杠头、仪器饰、杖头、镦、鸠车、表座、砚滴、书镇、糊斗、鑪、匕首，卷三十九至四十鉴。每一器物均有器型图、铭文和铭文的释文以及图说，图说内容为器型尺寸、重量及考述。各种器型应有尽有，可以作为传世青铜器断代的重要参考，对了解传世青铜器的源流和辨伪都很重要。铭文出自宫廷供奉陈孝泳、杨瑞莲之手，绘图出自宫廷画师、画院供奉梁观、丁观鹤等之手，非常精美。有《四库全书》本及影印《四库全书》本。《钦定西清砚谱》二十四卷，目录一卷，此谱为乾隆四十三年(1778)大臣于敏中、梁国志等奉乾隆皇帝之命编撰。古代关于文房四宝的著作，宋有苏易简著《文房四谱》，无名氏撰《歙州砚谱》《端溪砚谱》，米芾《砚史》，清有高似孙《砚笺》等，但都无图。《钦定西清砚谱》收录的都是乾隆朝宫廷藏砚，包括古砚和新砚。每一砚台都有正面和背面的手绘图,还有一篇"砚说",详细记载砚台的尺寸、铭文、收藏印章及考证,收藏地点等。铭文包括旧铭、乾隆皇帝御铭和大臣奉命所作铭文等。分陶砚、石砚和附录三部分,陶砚从汉瓦砚至明代澄泥砚,石砚从晋代王羲之砚至清朝朱彝尊砚,共二百方;附录收录松花砚、紫金石砚、驼基石砚、红丝石砚诸品及清宫造办处仿制的澄泥砚等。绘图非常精美,其中对于有些砚台的年代和作者、收藏者的记载和考证存在错误,不可轻信,但意义在于起码说明在乾隆朝已经入宫,对于后世了解砚台的源流有用,有些乾隆当朝制品可作为标准器看待。松花砚是清宫御用砚,很少见于记载,此谱收录清朝康熙、雍正、乾隆三朝宫廷制作的松花砚多方,是研究松花砚历史的最重要史料。此谱收入《四库全书》,有多种影印本。《墨谱法式》三卷,又名《墨谱》《墨苑》,宋李孝美撰。古有《墨史》《墨经》等,但多无图。《墨谱法式》上卷为制墨图,收采松、造窑、发火、取烟、和制、入灰、出灰、磨试八图;中卷为古墨图式,收祖氏、奚庭珪、李超、李廷珪、李承晏、李文用、李惟庆、陈赟、张遇、盛氏、柴珣、宣道、宣德、猛州贡墨、顺州贡墨及不知名氏十六家之式;下卷为制墨法,主要是配方,无图。有《四库全书》本及多种影印本。《墨法集要》一卷,明沈继孙撰。内容为制墨之法,包括制墨的原料、配料、工具、工艺程序等二十一部分,每部分各有图和图说。原本不传,《四库全书》馆臣从《永乐大典》中辑录并收入《四库全书》,有多种影印本。《古今图书集成》见第五讲,书中有很多图,中华书局和巴蜀书社出版的《古今图书集成》影印本最后一册(第82册)为索引,其中有"图表索引"可以利用。《三才图会》一百零六卷,又名《三才图说》,明王圻编。三才指天、地、人,即天文、地理、人物,古人以此概括世间万物。此书为类书,分门别类汇集古书中有图者,加以说明,指出出处,是名符其实的"图书"。其中天文四卷,地理十六卷,人物十四卷,时令四卷,宫室四卷,器用十二卷,身体七卷,衣服三卷,人事十卷,仪制八卷,珍宝二卷,文史四卷,鸟兽六卷,草木十二卷。资料取材丰富,为古代"图书"汇编。《四库全书》编者在提要中指出绘图失真,多数出于想象,这与《三才图会》编者关系不大,毕竟此书为我们保存了诸多前人的图画,使后人有所参考,除了人物图像,其他如宫室、器用、服制和仪仗制度等等,还是有所依据的。有明万历刻本,上海古籍出版社1988年影印本,后附图名索引,便于使用。《图书编》一百二十五卷,明章潢编,原名《论世编》,类书。此书与《三才图会》一样,都是汇集历代书籍中的图谱及说明文字而成。分经义十五卷,象纬历算十三卷,地理三十九卷,人道五十卷。有明刊本,江苏广陵古籍刻印社1988年影印本。

二、地图

"神游万古依函册,意荡八荒假舆图",这是著名书法家欧阳中石给东北师大图书馆建馆40周年的题词,其中的"舆图"就是中国古代的地图。

地图古代又称舆图、舆地图,有单张、多张和图册之别。中国历代重视舆图的编绘,尤其是边疆舆图、海防舆图、形势险要舆图等。古代地图多为手绘、石刻,采用形象画法如传统的山水画法等,来描绘山、水、城关等等,形象立体、逼真,但准确性差,多为示意图。近代以来采用西洋画法,趋于科学。根据考古资料,1986年在甘肃天水放马滩秦墓中出土了七件纸质秦国卦县的地理图,距今已有两千多年的历史。1973年至1974年,在长沙马王堆汉墓中出土了绘在帛上的三幅地图,被考古工作者命名为《地形图》《驻军图》和《城邑图》,距今也有两千多年的历史,是迄今为止发现的最早的帛书地图。现在西安碑林中保存了两件宋代石刻地图,一件为《禹迹图》,属于当时的全国地图,采取"计里画方"的制图法,开辟了我国方格网制图的先河。另一件为《华夷图》,为中国和亚洲地区图。元代朱思本有《舆地图》二卷,原图虽然已佚,但是明代罗洪先有《广舆图》传世,有图45幅,依据朱思本《舆地图》增补而成,基本上保留了《舆地图》的面貌,所以,可以通过《广舆图》了解《舆地图》的原貌。清代康熙皇帝亲自主持、西方传教士参与、历时10年绘制的《皇舆全览图》,基本是我国第一部经纬度实测地图集,方法科学,技术先进,领先世界。清末魏源编制的《海国图志》，采用科学的经纬度法绘制，为我国第一部世界地图集。后来由国家和地方、个人绘制的各种地图越来越多，成为了中国图书的一个系列，一大特色。

古代、近代绘制和出版的地图多收藏于中国和世界各图书馆中，近年频有目录出版，可供查阅。老地图也引起民间收藏家的关注与收藏，蔡玉坤等编有《老地图/中国民间个人收藏丛书》，为辽宁画报社出版的"中国民间个人收藏丛书"之一，2004年出版。其中介绍了很多地图知识和收藏事项，可供参考，对近代地图介绍尤为详细，包括清末地图、民国地图、武昌亚新地学社的地图、中外舆图局的地图、商务印书馆的地图、中华书局的地图、世界舆地学社的地图、东方舆地学社的地图、《申报》地图、亚光舆地学社的地图等等。

1.《中国地理图籍丛考》《中国边疆图籍录》等

还有两部属于解题书目之书在这里做一下介绍。一是王庸的《中国地理图籍丛考》，一是邓衍林的《中国边疆图籍录》。《中国地理图籍丛考》，1947年商务印书馆出版，分甲、乙两编，甲编含"明代总舆图汇考""明代北方边防图籍录""明代海防图籍录"。乙编含"中国地理学史订补""中国历史上地图与军政之关系""中国历史上之土地疆域图"。末附吴玉年《明代倭寇史籍志目》，都是曾经在杂志发表过而汇集成书的。舆图、图籍录、志目都有提要，存世的著录书名、卷数、馆藏、版本、内容提要，已佚的注明出处，即见于书目著录的情况，书中收录了大量舆图文献。《中国边疆图籍录》，1958年商务印书馆出版，凡是有关边疆史地资料及各民族之文献记载，均有收录。其中的"边疆舆图"分为宋、明、清、民国时期的舆图，"中国边界关系"收录了"中朝边界舆图""中俄边界舆图""中缅边界舆图""中越边界舆图"等。然后是分省资料，包含东北资料、蒙古资料、西北资料、古西域资料、西南资料、海防资料等，其中都包含了大量有关史地的舆图。后附书名和著者索引。本书没有提要，不收府、县、镇舆图。以上两书都是知识分子在边疆和领土的忧患意识作用下产生的著述,收录的大量舆图可供查考。《历代舆地图》是历代舆图集,清杨守敬编,光绪三十二年(1906)观海堂杨氏自刻本。分为三类,首为历代舆地沿革总图,始于禹贡九州图,止于明四裔图,共71幅。次为历朝疆域分图,以《大清一统舆图》为底本,详细揭示各朝疆域、政区和山川地势。最后为专书地图,如《汉书地理志图》《水经注地图》等,是雕版套色印刷地图集,每图均有解说。1954年谭其骧主编《中国历史地图集》时曾修订、参考了此书。

2.《舆图要录——北京图书馆藏6827种中外文古旧地图目录》等

此书为中国和世界地图目录。北京图书馆善本特藏部舆图组编,北京图书馆出版社1997年出版。分甲、乙、丙三编,甲编为世界地图,乙编为中国地图,丙编为附录:北京图书馆馆藏外文中国古旧地图目录、中文古旧地图图名索引、中文古旧地图著者索引。《皇舆遐览:北京大学图书馆藏清代彩绘地图》,北京大学图书馆编,中国人民大学出版社2008年出版。国家清史编纂委员会图录丛刊之一。古代保存下来的彩绘地图,以清代的居多,据统计总数有数千种,其中有全国地图、各省地图和府、州、县地图以及江河水利图、海防边防图、道路里程图、土地丈量图、盐业物产图等。北京大学收藏2,000多种中国古代地图,门类齐全,内容丰富。本书是从400多种、4,000多张清代地图和历史图片中精选出来的清代彩色手绘地图编辑成的。分为行政区域图、道路里程图、京畿名胜图、江河水利图、沿海防务图五个部分。行政区域图包括省、府、州、县图,每幅地图注明绘图年代、尺寸、作者、装帧、比例尺、内容提要,所收地图全部彩色影印,便于查考、使用。

3.《中国历史地图集》

要查找中国历史地名及其地理位置,古今地名的对应关系,《中国历史地图集》是必不可少的工具。此书1974年内部出版,错误较多。经过不断修订,采用了大量的考古和科研成果,于1982年由中国地图出版社正式出版,1988年出齐。是阅读史书、研究历史不可缺少的工具书。

《中国历史地图集》由中国社会科学院主办,复旦大学、中国社会科学院、中央民族学院、国家测绘局、南京大学、云南大学、武汉测绘科技大学、中国地图出版社等单位共同参与绘制,谭其骧任主编。按历史时期分为 8 册、20 组、304 幅图、549 页。分册如下表。

册次	内容分期
一	原始社会·夏·商·西周·春秋·战国时期
二	秦·西汉·东汉时期
三	三国·西晋时期
四	东晋十六国·南北朝时期
五	隋·唐·五代十国时期
六	宋·辽·金时期
七	元·明时期
八	清时期

每一时期先全图,后分图、插图,背列附表。内容包括古代遗址,商周至清代(含各民族建立的政权)各历史时期的疆域、政区、城市、村镇和自然地理面貌。如自秦代开始的全部可考的县级和县级以上的地名以及运河、长城、关津、堡寨、古道、陵墓、河流、湖泊、山岭、海岸线、岛屿等,共收地名七万多个。所有的地图都以今天的地图为底图,分色套印,古今对照,每册都有编例和地名索引,便于查找。1991 年,中国地图出版社又出版了《简明中国历史地图集》,只收《中国历史地图集》各朝代的全图,不含一、二级政区图,并增加了两幅中华民国全图及各朝代全图的文字说明。共由 36 幅地图组成,并有图说及地名索引,主要适用于大学、中学师生。

三、历表、年表

历表、年表都是在史学研究成果基础上编制的,纪年表是历代帝王年号纪年和公元纪年对照的工具书,也是读史最常用的工具书。

1.《中西回史日历》等

陈垣编,中华书局 1962 年出版修订增补本。为读史、考史的工具书。西历、中历、回历三种历法年月日对照表。以西历为主,起自公元元年,止于公元 2000 年。

《二十史朔闰表》,陈垣编,民国十五年(1926)初版,中华书局 1978 年再版。是读史、考史的工具书。以中历为主,起自汉高祖元年(公元前206 年),止于公元 2000 年。列出自汉至清二十史的中历闰月和每月朔日的干支,与西历对照,以及回历岁首日期。为中历、西历、回历年、月、日对照表,通过书后"日曜表"可以查到星期数。两种历表使用较为复杂,但是通过推算能够查到日期,所以才称为"日历"。《近世中西史日对照表》,郑鹤声编。为明正德十一年(1516)至民国三十年(1941)年前后426 年间的年、月、日西历与中国干支纪年对照表,较陈垣《中西回史日历》使用简便。商务印书馆民国二十五年(1936)出版,中华书局 1981 年版。此外尚有《两千年中西历对照表》,薛仲三、欧阳颐编,民国二十九年(1940)出版,三联书店 1956 年修订再版。为公元元年到公元 2000 年中西历对照表,可以推算某月某日的星期数及干支。《中国历史中西历对照年表》,李佩钧编,云南人民出版社 1957 年出版,包含从夏禹到清末29 个年表,每表由帝系表和帝系分年中西历对照表组成,可以查帝王年号纪年、干支纪年和西历纪年。《公元干支推算表》,汤有恩编,文物出版社 1961 年出版。包含"公元推算干支表"和"干支推算公元表"两部分,可以推算出从公元前 3200 年至公元 3200 年逐年纪年干支。

2.《中国历史纪年表》

万国鼎编,万斯年、陈梦家补订,商务印书馆 1956 年第一版。这个历史纪年表是在《中西对照历代纪年图表》基础上重编的,与上述各个年表相比,体例出新。《中西对照历代纪年图表》,商务印书馆民国二十三年(1934)版。订补后的《中国历史纪年表》,分为上、下两编,上编为"历史年代总表"和"公元甲子纪年表",下编"为历代纪年简表"。重点在上编

"公元甲子纪年表",把中国帝王庙号、年号、民国纪年与公元纪年对照,从西周共和元年(公元前841年)至1949年中华人民共和国成立。下编有"中日对照年表""太岁纪年表"和索引,索引包括中国历代国号、帝王庙号以及年号,也很方便实用。"公元甲子纪年表"每页10行5列,50格,每格1年,表格内为帝王庙号、年号、年份、地支,相对应的表格上方标出庙号、帝王名字、公元纪年的前几位数字,表格左侧标出天干、公元纪年的后一位数字,查具体年份时应将表格内、表格上方、表格左侧互相对应,便可知道帝王庙号、年号、民国纪年与公元纪年的具体情况。此表编制较早,一度流行,在方诗铭《中国历史纪年表》出版之前,是人们常用的历史纪年表。但对于今天的读者来说,有嫌复杂,使用起来已经显得不太方便了,不如方诗铭《中国历史纪年表》更简单明了,更简便实用。

3.《中国历史纪年表》

方诗铭编,上海辞书出版社1980年新一版。此表正文分15部分,从十二诸侯(周、春秋)纪年表到民国纪年表,之后为附录和年号索引。此表也是起于西周共和元年(公元前841年),止于1949年中华人民共和国成立。此表分三栏,第一栏为公元纪年,第二栏为干支纪年,第三栏为帝王庙号和年号纪年。可以从公元年份查干支纪年和年号纪年,反过来也可以从干支纪年和年号纪年查公元纪年。此表简明清晰,方便实用,是读书和从事研究的不可缺少的工具书。所以,方诗铭《中国历史纪年表》被《辞海》作为附录收在书后。万国鼎和方诗铭的两个年表为中西历对照纪年,只能查得帝王年号纪年和相对应的公元纪年,不能查月、日。

4.《明清江苏文人年表》

这是一种很实用的年表,是明洪武元年(1368)至清道光二十年(1840)间江苏省文人活动的记录,包含人物的生卒、科举、著述、绘事、交游等等。按公元纪年先后排列,注明干支纪年和帝王年号。每条资料后注明出处,征引颇为丰富。是这一时期、这一地区文人活动的大事记、时间表,非常具体和立体。后附引用书目和人名笔画索引,人名之下注明书中每一个条目的所在页码,方便使用。上海古籍出版社 1986 年出版。

5.《历代人物年里碑传综表》

为历史人物生卒年表,原名《历代名人年里碑传总表》。姜亮夫纂定,陶秋英校,民国二十六年(1937)出版,又有中华书局 1959 年版。为上古至 1919 年 12,000 多人的生卒年表,按照历史年代先后编排,包含姓名、字号、籍贯、岁数、生年(帝号、年号、年数、干支、公元)、卒年(同生年)、科第、备考等项,在备考中并注明材料出处,参考资料有 350 多种,主要取材于史传、碑铭等。后附笔画人名索引。

6.《中国历史人物生卒年表》

吴海林、李延沛编,1981 年黑龙江人民出版社出版。这是较早的可供查找历史人物生卒年的工具书,是在参考了古今学者研究成果基础上经过考证编成的。收录自西周共和至清末的政治家、思想家、作家、艺术家、科学家、农民起义领袖、少数民族重要人物,以及帝王将相等有生年、卒年、生卒年可考者 6,600 人,包括姓名、别号(字或号)、籍贯(古今地名对照)、生年(公元和历史纪年对照)、卒年(同生年)。按人物生年先后排列,前有姓名笔画索引,便于检索。

7.《清代人物生卒年表》等

《清代人物生卒年表》,江庆柏编,人民文学出版社 2005 年出版。收录清代各领域人物 25,000 人左右,包含政治、经济、军事、科学技术、医药卫生、文化教育、文学、艺术、收藏等方面的人物。收录条件为曾任重要职官,进士,有著作传世,事迹突出,有重要影响者。僧道人物一般不收,只收少数人物,以俗名入编。著录其姓名、生卒年、字号、籍贯及资料出处。此前有萧一山《清代学者生卒及著述表》,民国二十年(1931)出版。

书画人物年表有郭味蕖《宋元明清书画家年表》,中国古典艺术出版社 1958 年出版。刘九庵《宋元明清书画家传世作品年表》,收录宋、元、明、清书画家之生卒、年岁、重要事迹、传世作品及其资料来源、作品收藏处所等,上海书画出版社 1997 年出版。

第九讲　工具书的工具

——索引之一

　　关于索引的著作,先有钱亚新先生著有《索引和索引法》,1930 年商务印书馆出版,是中国索引学的奠基之作,包括索引和索引法的定义、范围,索引功用、种类,索引法和排字法、索引法和检字法,索引编制的步骤等等。洪业有《引得说》,燕京大学图书馆引得编纂处 1932 年出版,为《引得特刊》之四,包括"何为引得""中国字庋撷""引得编纂法"三部分,详细讲解了如何用"中国字庋撷法"来编纂引得,即索引。以上是民国时期索引和索引编纂法的著述。书目文献出版社 1985 年出版了潘树广的《古籍索引概论》,分为索引与古籍索引、古籍索引的历史与现状、古籍索引的类别与功用、古籍索引的查检、古籍索引的编纂等 5 章。附录《古籍索引要目》,收录明清以来截止到本书成书之前的国内外编辑出版的中国古籍索引 550 多种。以外还有侯汉清的《索引法教程》,1993 年南京农业大学出版社出版;黄恩祝的《应用索引学》,上海书店 1993 出版;等等。

　　要了解关于索引的知识,除了以上著作,还可阅读有关论文,有些工具书中也有关于索引的条目,可供参考。还应了解利用计算机编制的索引,除了出版物,还有网络版,非常便利。

一、什么是索引

　　索引是重要的工具书,著名学者张秀民先生在《古籍题跋索引》的序言中说:"学术盛衰与参考工具书之多少有关,而工具书中最首要者尤推索引。"这是他的经验之谈,也是事实。因为索引是能帮我们最快捷地查找所需信息的工具,而且是工具的工具。之所以说索引是工具的工具,就在于它的检索功能,索引是最重要的检索工具,是检索任何书刊资料包括工具书在内的工具。一部好的著作,往往在书后都附录有索引,读书也要养成使用索引的好习惯,那样便可以节省翻检之劳,提高效率。索引家族还有"引得"与"通检","引得"为英文索引的改译,源于民国年间哈佛燕京学社引得编纂处编制的各种索引,汇编为《哈佛燕京学社引得丛刊》,"通检"源于巴黎大学北平汉学研究所编制的各种索引,汇编为《中法汉学研究所通检丛刊》。

二、索引的种类

索引种类繁多,如果按学科划分则有史学、文学、哲学、经济、地理、军事等。按照出版物类型可以划分为图书索引、期刊索引、报纸索引等。按照检索功用也可粗略地划分为检索人名的人名索引、人物传记资料索引,检索地名的地名索引,检索文献的书名索引、引书索引、论文索引、篇目索引、字词索引、综合索引等,按照形式可分为专书索引、随书索引、索引丛书等。当然互有交叉,而且还可以进一步细分。本讲基本按照索引的检索功用对一些比较重要的文史检索工具进行介绍。随书索引也可称之为书后索引或附录索引,一般不单独出版,而是随书而行,或附于书后,或为单册,是检索一书或丛书书名、作者等内容的工具,与单独出版的工具书性质和作用相同。写书要注意随书编制目录和索引,读书要注意使用随书索引。关于这类索引,本讲不再过多介绍,有一些独立成册的随书索引,如丛书的索引,则在丛书索引里边进行介绍。

三、索引的编制方法

索引的编排方法,就是按照什么顺序编排索引的词目和主题词等,主要有部首法、笔画法、笔形法、汉语拼音法、中国字庋撷法、四角号码法、主题法等等。

四、常见索引介绍

本讲基本按照索引的检索功用进行分类介绍,以出版社公开出版发行的索引为主,也有少量非公开出版的索引。

(一)人名索引、人物传记资料索引

人名索引除了人物姓名索引,还包括字号、室名索引等。

1.《室名别号索引》等

陈乃乾编,丁宁、何文广、雷梦水补编。陈乃乾在 20 世纪 30 年代编成《室名索引》和《别号索引》,《室名索引》有 1934 年上海国光印书局铅印本,《别号索引》于 1936 年出版。1957 年中华书局将两种索引合并出版,命名为《室名别号索引》。收录人物的范围始于先秦,止于 1936 年,共计收录室名别号 1.7 万多条,然仍有很多遗漏;丁宁等人在原有基础上进行了增补,增加至 3.4 万多条,中华书局于 1982 年出版了增订本。陈乃乾原书正文按照室名别号的笔画多少编排,室名别号之后列出人物的时代、籍贯和姓名。增订本又增加了笔画与四角号码检字,方便了使用。此书是较早出版的关于古今人物室名别号的工具书,出版后一再再版,曾经发挥过很大作用,产生过很大影响。

陈德芸编著,《古今人物别名索引》,收录古今 4 万多名人物的表字、别号、斋舍名、谥号、爵里称谓等 7 万多条,在别名之后列出本名和时代。按照陈德芸自编的笔顺法排列,后附笔画检字。本索引收录表字,是陈乃乾《室名别号索引》所不具备的。有 1937 年岭南大学图书馆铅印本,为《岭南大学图书馆丛书》之一。又有 1982 年长春市古籍书店影印本,1982年上海书店影印本。

杨廷福、杨同甫父子在吸收前人成果基础上又广泛搜集明清总集、别集、笔记、杂著、诗话、词话、类书、地方志等文献中的资料,日积月累,编成《清人室名别称字号索引》和《明人室名别称字号索引》。《清人室名别称字号索引》成于先,《明人室名别称字号索引》成于后。《明人室名别称字号索引》,上海古籍出版社 2002 年出版。收录明代政治、经济、军事、医药、文学、美术、音乐、戏剧、收藏等方面的人物 23,000 余人,字号、室名、别称 50,000 余条。分甲、乙两编,上、下两册,后有附录。甲编(上册)

以室名别称字号立目,后列姓名,按笔画顺序排列,前有笔画检字、四角号码检字。乙编(下册)以姓名立目,后列籍贯、字号、室名、出处编号。后附引用书目,各有编号。这是迄今为止收录明代人物室名别号最多的工具书,能够查到很多不见经传的人物和人物不常用的室名别称字号,对读书和治学乃至于收藏都很实用。《清人室名别称字号索引》,上海古籍出版社1988年出版。此书先成书于《明人室名别称字号索引》,是在陈乃乾《室名别号索引》的基础上,广泛吸收前人有关成果,又搜集清代别集、方志、家乘、年谱、笔记、杂著等编成的。收录36,000多人,10.3万个室名别号,是迄今为止收录清代人物室名别号最多的。分甲、乙两编,上、下两册。甲编(上册)以室名别称字号立目,后列姓名,按笔画顺序排列。前有笔画检字、四角号码检字。乙编(下册)以姓名立目,后列籍贯、字号、室名,无出处编号。前有条目笔画检字,分甲、乙两编,注明所在页码,又有四角号码检字,注明甲、乙两编所在页码,便于检索。功用与《明人室名别称字号索引》相同。

《历代人物谥号封爵索引》杨震方、水赉佑编著,上海古籍出版社1996年第1版。谥号与封爵是阅读古书时经常遇到的问题,一般的辞书无法全部解决,只有查找专门的工具书才能奏效。谥号有官谥和私谥之分,官谥是朝廷为逝去的臣子加封的,私谥是门徒弟子为逝去的老师加的封号。谥号始于周代,延续到清末。封爵也始于周代,主要是封赐皇族宗室,主要有王、公、侯、伯、子、男等。此书是在吸收明王圻《谥法通考》,清代沈炳震《廿一史四谱》、刘长华《汉晋迄明谥汇考》《皇朝谥汇考》、雷延寿《清谥法考》等成果基础上增补考订而成。收录范围始于周代,下迄清末。分上、下两编,上编可通过谥号查时代、姓名、封爵,下编可通过姓名查时代、谥号和封爵。各有字头笔画索引,方便检索。附录《汉晋迄明谥汇考》《清谥法考》《太平天国封爵表》。后有四角号码索引。

2.《明清进士题名碑录索引》

朱保炯、谢沛霖编,上海古籍出版社1980年出版。是检索明、清两朝进士史料的重要工具书,包括两朝考中的进士 51,624 人。根据明清两朝进士题名碑录,加以校订补充,按照人物姓名四角号码检字法排列。凡 3 册,可以检索到两朝进士姓名、籍贯、考中年份、名次。前有四角号码检字法、姓氏笔画检字、姓氏拼音检字,后附历科进士题名录以及清朝博学宏词科、翻译科、恩科、特科等名单。通过此书可以准确查到明清两朝进士的基本情况,尤其是有些见于记载较少的人物,通过此书可以了解其梗概。

3. 行第录

源于唐人"登科录""登科记",记载进士的族系、名字、行第、官秩、籍贯、祖宗三代名讳、履历、主考名氏等。行第即排行,可能是同父兄弟排行,也可能是家族兄弟排行,起点不同,排行也不同。唐人习惯在人排行前加姓氏称呼对方,以示尊重,后世延续下来,宋代以后,逐渐不用。读书中经常会遇到行第称呼,通过以下工具书可以查考,同时,也可以了解人物的姓名、字号、籍贯、官职、谥号等传记资料,为读史的工具,所以将行第录列在索引一讲之中。《唐人行第录》,岑仲勉著,上海古籍出版社 1962 年第 1 版,1978 年新 1 版。在唐人诗文集中,经常遇到以排行来称呼人的情况,往往不知为何人。此书在《全唐文》《全唐诗》、两《唐书》《太平广记》及唐人总集、别集、类书、笔记及敦煌文献、出土墓志的基础上编著而成。通过文义、事实、行第考定其人的真实姓氏、名字。以行第为词条,按笔画为序编排。前有目录,后有笔画检字和四角号码索引。附录作者《读全唐诗札记》《读全唐文札记》和《唐集质疑》三种。《宋人行第考录》,邓子勉编著,中华书局 2001 年出版。此书是续岑仲勉《唐人行第录》而作,取材于宋代诗文总集、别集、笔记、方志、书画题跋等。正文按姓氏笔画为序排列,前有姓氏目录,可供检索。后附"引用书目",分为别集、总集、词集、诗评词话、笔记小说、艺术金石、史籍、方志、其他等九类,各注版本。最后为人名索引,系此书所收人物的行第(姓氏加排行)、名、字、号索引,按四角号码检字法排列,便于查找正文。另外,浙江大学龚贤明主持的教育部全国高校古委会项目《中国历代登科总录》即将完成,其中《隋唐五代登科录》已收进士等6,000 人,《两宋登科录》收近 50,000 人,《辽西夏金元登科录》收约3,000 人,《明代登科录》收进士 24,595 人,《清代登科录》收进士26,849人,自隋至清约 11 万人,为集大成之作。

4.《二十五史人名索引》等

《二十五史》刊行委员会编,1935、1946、1956 年开明书店铅印本,中华书局 1956 年根据开明书店版重印。前列勘误表。本索引是查阅开明书店版《二十五史》中人名的工具书,也可以查旧版《十七史》《二十一史》《二十四史》和《新元史》中本纪、世家、列传中记载,以及附见的人物。按四角号码检字法编排,后附笔画索引。《二十四史纪传人名索引》,张忱石、吴树平编,中华书局 1980 年出版。随着中华书局点校本《二十四史》和《清史稿》的问世,根据旧版二十四史编辑的索引,陆续淡出,而代之的是中华书局根据点校本《二十四史》和《清史稿》编辑的各史人名索引。本索引以《二十四史》中本纪、列传(包括附传及有完整事迹的附见人物)以及《史记·世家》,各史“四夷传”“吐蕃传”“外国传”中的主要首领、臣属的人名作为条目,采用四角号码检字法排列,后附笔画索引,增加了一种检索功能。每个条目除了注明点校本的册数、页数外,还注明所在卷数,因此还适用于《二十四史》的其他版本。这部索引主要检索《二十四史》中有传记的人物,还有很多只有人名没有传记的人物,不在此索引的检索范围之内。后来又陆续编制出版了很多正史人名索引,更便于全方位检索《二十四史》乃至《二十五史》中的人名。《二十四史人名索引》系列,是《二十四史》专书人名索引,是配合中华书局点校本《二十四史》编制的,陆续出版。中华书局 1998 年将各史人名索引汇编缩印成上、下两巨册。凡备有中华书局点校本和缩印本《二十四史》的读者,均可配套使用此索引。列表如下:

	书名	作者	出版社	出版年	册数
上册	《史记》人名索引	吴树平	中华书局	1977年	1
	《汉书》人名索引	魏连科	同上	1979年	1
	《后汉书》人名索引	李裕民	同上	1979年	1
	《三国志》人名索引	高秀芳、杨济安	同上	1980年	1
	《晋书》人名索引	张忱石	同上	1977年	1
	南朝五史人名索引	同上	同上	1985年	2
	北朝四史人名索引	陈仲安	同上	1988年	2
	《隋书》人名索引	邓经元	同上	1985年	1
	新旧《唐书》人名索引	张万起	上海古籍出版社	1986年	3
下册	新旧《五代史》人名索引	同上	同上	1980年	1
	《宋史》人名索引	俞如云	同上	1992年	4
	《辽史》人名索引	肖贻芬、崔文印	中华书局	1982年	1
	《金史》人名索引	同上	同上	1980年	1
	《元史》人名索引	姚景安	同上	1982年	1
	《明史人名索引》	李裕民	同上	1985年	2

《清史稿纪表传人名索引》，何英芳编，中华书局1986年出版。根据中华书局1977年版《清史稿》点校本编，以《清史稿》本纪、表、列传（包括附传、附见、传主先世）中的人物姓名为条目。索引所收录的，系本纪中的十二皇帝之名，十种表中的人名，列传里的传主，即本传、附传、附见、传主先世的姓名（附见中无事迹、无官爵者不录）。人名下注出其传记资料所在《清史稿》中的册、卷、页码，并加星号于本传、附传页码之后，以便读者先找出该人传记材料集中的位置。而所指出的册页号码，系中华书

局 1977 年版《清史稿》。《索引》采用四角号码检字法编排,书后附有笔画索引,以备读者使用不同的方法检索。《清史稿》的列传部分多达三百余卷,人物过万,没有人名索引,要寻找某人的传记所在,颇费时费事,以至一时查不出来。因此《清史稿》的读者有此一编在手,得到很多的便利。

(二)地名索引

地名索引不多,有前四史地名索引,根据中华书局点校本《二十四史》编制。

书名	编者	版本
《史记》地名索引	嵇超等	中华书局 1990 年版
《汉书》地名索引	陈家麟、王仁康	同上
《后汉书》地名索引	王天良	中华书局 1988 年版
《三国志》地名索引	同上	中华书局 1980 年出版

(三)同书异名和同名异书索引

书名索引还有同书异名和同名异书、丛书和丛书子目索引,还可展开为篇目、论文、句子、字词索引等。

《同书异名通检》,杜信孚编,1962 年江苏人民出版社初版,1982 年出版增订本。初版收同书异名 4,000 余条,增订本增补 1,500 多条。以往因为各种原因形成了同书异名现象,读书时不可不知,此索引就是为解决这一问题而编辑的。《同名异书通检》,杜信孚、赵敏元、毛俊仪编,江苏人民出版社 1982 年出版。有同书异名就有同名异书,在以往出版不规范的时代是常有的事情,如果不了解,就容易产生误解,本索引就是针对此类现象编辑的,可视为《同书异名通检》的姊妹篇。本索引收书名相同而作者不同、内容不同的同名异书 3,500 多部,按书名首字笔画顺序编排,并注出作者和版本。《古书同名异称举要》,张雪庵编,山东人民出版社 1980 年出版。"同名"为同名异书,"异称"为同书异名,共收录先秦至清末的同名异书和同书异名的古籍计 5,600 余种,附录书名、作者简介。全书按汉语拼音顺序排列。

(四)引书索引系列

1. 引书引得

引书索引是使用类书等古籍进行古籍辑佚和古籍整理的工具,哈佛大学燕京学社引得编纂处编有《文选注引书引得》《春秋经传注疏引书引得》《礼记注疏引书引得》《毛氏注疏引书引得》等。民国二十七年(1938)商务印书馆出版了国立北京大学研究院文史部编的《慧琳一切经音义引用书索引》等等。1949 年以后很多整理本类书都附有引书索引,大大地便利了读者。

2.《永乐大典索引》

本索引是中华书局 1960 年影印出版的 730 卷线装 20 函 202 册、1985 年中华书局续影印出版的 67 卷线装 2 函 20 册《永乐大典》的索引。上海辞书出版社 2003 年影印出版的《海外新发现永乐大典》十七卷和其他后出的《永乐大典》残卷不在其列。以《永乐大典》引书的作者姓名立目,凡是《永乐大典》所标作者的姓名、字、号、别名、室名、曾用名及帝号、封谥等,除了以字为常用名者外,均依本姓名编排,其他称谓列为参见条目,再在作者姓名下列书名,不明作者的以书名立目。姓名、书名之后按照影印本的次序列出子目篇名,最后为中华书局影印线装本的册数、卷数、页码所在。条目按照四角号码排列。正文后附录《永乐大典》卷号、韵字及各种影印本卷册对照以及底本来源一览表。书后附有拼音检字和笔画检字表。本索引还适用于中华书局影印的 797 卷的各个版本,因为可以查到卷数和页码。

(五)论文索引

一般学术论文索引从略,以与传统国学关系密切者酌录。以下两部索引是早期编制的有关国学内容的索引。

《国学论文索引》,北海图书馆编目科编,民国十八年(1929)中华图书馆协会铅印本,中华图书馆协会丛书之一。《国学论文索引续编》,北平图书馆编纂部索引组编,民国二十年(1931)中华图书馆协会铅印本,中华图书馆协会丛书之一。《中国古籍整理研究论文索引》,东北师大古籍所辞书编辑室编,1990年江苏古籍出版社铅印本。

（六）篇目索引

1.《清代碑传文通检》一卷　附录三卷

陈乃乾编,中华书局1959年出版,是检索清代人物传记和碑刻文献的重要工具书。碑为墓碑,传为传记。此书把1,025种清代文集中的人物传记、家传、别传、墓志铭、墓表、哀辞、祭文、行述、行状、遗事、事略等文章进行著录而成,按照传主的姓名笔画为序编排,著录的内容还有传主的姓名、字号、籍贯、生卒年和碑传文的作者、碑传文的出处,包括书名和所在卷数,故名通检,具有索引的功用。收录传主的时限为卒于明崇祯十七年(1644)之后、生于清宣统三年(1911)以前的人物。附录有异名考,为一人有二名或更改姓名者;又有生卒考异,考证一人数传而记载生卒年不一致的人物。又附清人文集经眼目录,是研究清史和检索清代人物传记的重要工具书。

2.《元人文集篇目分类索引》

陆峻岭编,中华书局1979年出版。涉及元代文集170种,其中别集151种,总集3种,元末明初人别集16种。将这些文集中的篇目分人物传记、史事典制、艺文杂撰三部分进行著录。其中人物传记又分为甲、乙、丙、丁四类。史事典制依照《元经世大典》和《元典章》进行分类,艺文杂撰按照经、史、子、集四部分类法进行分类。人物传记以人物的姓氏笔画为序编排,史事典制以作者年代先后排列。书前有所收文集目录,书后附有文集作者索引。

3.《清代文集篇目分类索引》

王重民、杨殿珣编,民国二十四年(1935)国立北平图书馆铅印本。此书为著名版本目录学家王重民先生创编,杨殿珣编,著名学者侯堮、顾颉刚、张西堂、吴承仕、余嘉锡、刘盼遂、谭其骧、朱士嘉、刘节、傅振伦、黎锦熙、李俨、伦明、傅增湘、孙人和、杨树达、严台孙、王献唐等都参加了审订工作,可见此项工作的重要。全书把清代 12 种总集、428 种别集里收录的篇章分为学术之部、传记之部、杂文之部三部分,分别著录篇目的作者、文集名、所在卷数、页码。所收文集目录,按经、史、子、集四部法分类排列,每一文集都有提要,有著者姓氏索引,按笔画为序编排。通过此书,可以大概了解清代作家以及作品的内容和流传情况。

4.《石刻题跋索引》增订本

杨殿珣编,1957 年上海商务印书馆铅印本。本索引是检索历代石刻题跋及其出处的工具书。收录题跋的范围,以题跋内容为考证、评论石刻者为主,石刻包括墓碑、墓志、刻经、造像、题名题字、诗词、杂刻等;题跋内容只著录石刻内容、行款、字体等,虽无考证和评论,也都收录;只评论书法者不录,收录的石刻下限止于元代。正文按类编排,每一类按时代编排。前有所收书目,为本索引的引用书目,各注书名、卷数、作者、版本,共 137 种。后有笔画检字表和石刻四角号码检字索引。除了能检索到历代评论、考证石刻的题跋,还可以了解历代石刻的一般情况。

另外还有《全唐诗索引》《全唐文索引》《李贺诗索引》等总集和别集索引。

第十讲　工具书的工具

——索引之二

一、丛书索引

丛书是把多种书汇集在一起出版，由于部头大，使用时更需要有目录和索引的帮助。如《四库全书》，如果没有索引，就很难迅速查到自己要找的书在哪一册。《四库全书总目》只能提供所在部、类，但索引却能准确提供所在的册数和页数。《四库全书》随书配有索引，可供使用。还有《四部丛刊》《四部备要》《中国方志丛书》《中国近代史史料丛刊》一至三编，收书非常多，还有大部头的文集，如《全唐诗》《全宋文》《全元文》等系列古籍整理项目成果，如果没有索引，不知要增加多少查找时间，幸运的是，都随书配有索引，可以大大减少翻检之劳。民国二十年（1931）金步瀛编有《丛书子目索引》，由浙江省图书馆铅印出版，是编辑和出版较早的丛书和丛书子目索引，但最著名和实用的当属《中国丛书综录》。

1.《中国丛书综录》等

上海图书馆编，中华书局1959—1962年出版，是最重要的丛书目录兼索引，是使用丛书、检索丛书书名、作者、子目和收藏单位必备的大型工具书。第一册附录《丛书书名索引》，第三册为《子目书名索引》和《子目著者索引》，均按四角号码法排序，用于检索第二册《子目分类索引》。如果没有索引，就无法快速检索2,797部丛书和7万多种图书子目的所在。《中国近现代丛书目录索引》，上海图书馆编，1982年上海图书馆出版，附录中国著者名字、号、别名、笔名录，外国著者汉文译名异名表等，是检索近现代丛书的工具书。《十通索引》，王云五编，商务印书馆1937

年出版,可用来检索、使用"十通"。

2.《四库系列丛书目录·索引》

《四库全书》是现存的中国古代最大的一部丛书,收录的书除了受政治影响而有失偏颇之外,绝大部分古籍都是中国古代思想与文化的精华。原本珍藏在国家图书馆、甘肃省图书馆等地,一般很难见到,遑论查阅。但是,自民国以来出版了不少的影印本;早在民国时,陈乃乾就编有《四库全书总目(未收书目)索引》四卷,1926年上海大东书局出版铅印本;洪业等编有《四库全书总目及未收书目引得》,为引得编纂处所编引得之一。除了随书附录的目录和索引之外,复旦大学图书馆古籍部在吴格教授的倡议下,与部门同仁共同努力编成了《四库系列丛书目录·索引》,上海古籍出版社2007年出版,为了解、使用、检索14种《四库全书》系列丛书提供了工具。

《四库系列丛书目录·索引》分为目录和索引两部分。目录部分是十四种书及子目合计18,000余种历代古籍的目录;索引部分分书名和著者索引,按四角号码检字法编排,附编笔画检字、拼音检字。

国家图书馆等出版部门计划出版"宋元明清传记资料丛刊"等系列史料丛书,所见有《宋代传记资料丛刊》(还有补编)、《辽金元传记资料丛刊》《明代传记资料丛刊》,是根据哈佛燕京学社所编的引得提供的书目进行的,都是大型丛书,除了附有索引,燕京学社引得编纂处编的各种引得也可以利用。齐鲁书社2009年出版的《三十三种清代人物传记资料汇编》,也有人名索引,是很得力的检索工具。

3.《清代传记丛刊索引》

周骏富编,为《清代传记丛刊》的配套工具书。《清代传记丛刊》为大型清人传记资料汇编,收书150部(种),共202册,索引为第203—205册,共3册。第1册(总第203册)为谥号、字号索引,收录谥号2,016个,字号58,404个;第2册(总第204册)、第3册(总第205册)为姓名索引,收录人名46,955人。前有《清代传记丛刊》目录表,正文按笔画顺序编排,前有索引字头检字、部首检字、笔画检字、四角号码检字、罗马字母耶鲁音标检字、日本五十音顺检字。后附清姓,依次为爱新觉罗(国姓)、满洲八旗、蒙古八旗、清本百家姓。《清代传记丛刊》部头甚巨,一般的图书馆都很难购藏,但是有此索引,可以了解丛书收书情况,同样可以查找、利用丛书之外的相同内容的书,而且姓名索引注明出处和卷数,非常便利。有了此索引,就能指引你把清代人物"一网打尽"。本索引同时也属于随书索引,因为《清代传记丛刊》是大型清代人物传记丛书,汇集了众多清代人物总传,所以列到丛书索引之内。

4.《丛书集成初编》索引

《丛书集成初编》原计划包括丛书100部,收书4,100余种,分装4,000册。到1937年因抗战爆发而中辍,只出到3,467册。1985年,中华书局接手重印,并补足未出书部分533册,至1990年初出齐,是与《四部丛刊》《四部备要》并列的民国三大丛书。部头很大,收书很多,册数更多,如果没有索引,查找起来真是"大海捞针"。商务印书馆1935年随书出版过1册《丛书集成初编目录》,实际是百部丛书的分类目录和提要,没有索引。新中国成立后上海古籍书店也出版过1册《丛书集成初编目录》,根据商务印书馆的目录重编,包括丛书百部提要、分类目录和书名索引、未出书名索引;目录分为书号(顺序号)、书名、编著者、所属丛书、卷、册;书号为整个《丛书集成初编》的顺序号,书名为子目书名,所属丛书用简称;册数为每一种书的册数,书名索引按四角号码编排,注明每一种书的书号,即顺序号,可以直接使用前边的分类目录,也可以直接找到每一种书在整个《丛书集成初编》中所在的位置,非常方便。中华书局2012年重新出版,书名为《丛书集成初编总目索引》,包括凡例、丛书百部提要目录、丛书百部提要、丛书集成初编类次、丛书集成初编目录、书名四角号码索引、书名音序索引,附上海古籍书店编目说明等。上海书店1994年影印出版了《丛书集成续编》,选取明清及民国时期的丛书180部,删除互相重复者以及《丛书集成初编》已收的书,共收古籍3,200余种,按经、史、子、集分类编排。

二、综合索引

属于多书索引,如哈佛燕京大学引得编纂处编辑的几种大型人物传记综合引得等划入这一类,与丛书索引相近但又有所区别,相近之处都是多种书的索引,区别在于丛书索引是丛书的配套索引,而综合索引不一定是丛书的索引。如哈佛燕京学社的《四十七种宋代传记综合引得》《辽金元三十种传记综合引得》《八十九种明代传记综合引得》《三十三种清代传记综合引得》,这些传记并没有作为丛书出版,"四十七种宋代传记"等也不是丛书的名称,但是,如果按照索引收录的传记作为丛书出版,就另当别论,如国家图书馆出版社出版的"宋元明清传记资料丛刊",就是按照哈佛燕京学社所编的各种综合索引所罗列的各种传记编成丛书出版的,这些综合索引对检索所涉丛书也还有一定的使用价值。

1.《四十七种宋代传记综合引得》

哈佛燕京学社所编引得之一,有 1959 年中华书局影印本。通过如下列表,可以概略了解有关宋史的最基本史料。

四十七种宋代传记表

种数	书名	纂辑者	版本
1	宋史【列传之部】	脱脱等	五洲同文书局石印本(光绪二十九年,1903)
2	宋史新编【列传之部】	柯维骐	明嘉靖刊本(燕京大学图书馆藏)
3	东都事略【列传之部】	王偁	淮南书局刊本(光绪九年,1883)
4	南宋书【列传之部】	钱士升	南沙席氏刊本
5	隆平集【列传之部】	曾巩	七业堂刊本(康熙四十年,1701)
6	名臣碑传琬琰集	杜大珪	宋刊本(燕京大学图书馆藏)
7	琬琰集删存		引得编纂处铅印本(民国二十七年,1938)

8	宋史翼	陆心源	归安陆氏刊本（光绪三十三年，1907）
9	戊辰修史传	黄震	《四明丛书》本
10	宋朝南渡十将传	章颖等	《碧琳琅馆丛书》本
11	五朝名臣言行录	朱熹	《四部丛刊》本
12	三朝名臣言行录	同上	同上
13	皇朝名臣言行续录	李幼武	绩学堂洪氏刊本（道光元年，1821）
14	四朝名臣言行录	同上	同上
15	皇朝道学名臣言行外录	同上	同上
16	伊洛渊源录	朱熹	吕氏宝诰堂刊《朱子遗书》本
17	昭忠录		《墨海金壶丛书》本
18	宋遗民录	程敏政	《知不足斋丛书》本
19	东莞遗民录	九龙真逸	《聚德堂丛书》本
20	宋季忠义录	万斯同	《四明丛书》本
21	文丞相督府忠义传	邓光荐	明崇祯刊《宋三大臣汇志》附刻（燕京大学图书馆藏）
22	元祐党人传	陆心源	归安陆氏刊本（光绪十五年，1889）
23	庆元党禁		《知不足斋丛书》本
24	京口耆旧传		《守山阁丛书》本
25	桐阴话旧	韩元吉	《学海类编》本
26	万柳溪边旧话	尤玘	同上
27	南宋院画录	厉鹗	《武林掌故丛编》本
28	圣朝名画评	刘道醇	《王氏书画苑》本
29	皇宋书录	董史	《知不足斋丛书》本
30	苏祠从祈议	吴骞	《武林掌故丛编》本
31	淳熙荐士录	杨万里	《函海》本

32	宋诗钞	吴之振等	涵芬楼铅印本(民国三年,1914)
33	宋诗钞补	管庭芬	同上(民国四年,1915)
34	宋大臣年表	万斯同	《二十五史补编》本
35	宋中兴三公年表		《藕香零拾》本
36	学士年表		《知不足斋丛书》本
37	宋中兴学士院题名录	同上	《藕香零拾》本
38	南宋馆阁录	陈骙	《武林掌故丛编》本
39	南宋馆阁录续录		同上
40	宋中兴行在杂买务杂卖场提辖官题名	何异	《藕香零拾》本
41	宋中兴东宫官题名	同上	同上
42	北宋经抚年表	吴廷燮	《二十五史补编》本
43	南宋制抚年表	同前	同前
44	修唐书史臣表	钱大昕	《知不足斋丛书》本
45	绍兴十八年同年小录		徐氏刊《宋元科举三录》本(民国十二年,1923)
46	宝佑四年登科录		同上
47	宋人轶事汇编	丁传靖	商务印书馆铅印本(民国二十四年,1935)

2.《辽金元三十种传记综合引得》

哈佛燕京学社所编引得之一,有1959年中华书局影印本。通过如下列表,可以概略了解有关辽、金、元史的最基本史料。

三十种辽金元传记表

数码	书名	卷数	纂辑者	版本
1	辽史【列传之部】	116	脱脱等	五洲同文书局石印本(光绪二十九年,1903)
2	契丹国志【列传之部】	27	叶隆礼	扫叶山房刻本(嘉庆丁巳,1797)

3	辽诗话	2	周春	《翠琅玕馆丛书》本(民国五年,1916)
4	辽诗纪事	12	陈衍	商务印书馆排印本(民国二十五年,1936)
5	辽代文学考	2	黄任恒	《辽痕五种》本(光绪三十一年,1905)
6	辽大臣年表	1	万斯同	《二十五史补编》本(开明书店印,民国二十四年,1935)
7	辽方镇年表	1	吴廷燮	《辽海丛书》本(民国二十三年,1934)
11	金史【列传之部】	135	脱脱等	五洲同文书局石印本(光绪二十九年,1903)
12	大金国志【列传之部】	40	宇文懋昭	扫叶山房刻本(嘉庆丁巳,1797)
13	金诗纪事	16	陈衍	商务印书馆排印本(民国二十五年,1936)
14	金宰辅年表	1	黄大华	《二十五史补编》本(开明书店印,民国二十四年,1935)
15	金将相大臣年表	1	万斯同	同上
16	金方镇年表	1	吴廷燮	《辽海丛书》本(民国二十三年,1934)
17	衍庆宫功臣录	1	万斯同	《二十五史补编》本(开明书店印,民国二十四年,1935)
21	元史【列传之部】	210	宋濂等	五洲同文书局石印本(光绪二十九年,1903)
22	新元史	22	柯劭忞	退耕堂重刊本(民国十九年,1930)
23	元史类编【列传之部】	42	邵远平	扫叶山房刻本(嘉庆丁巳,1797)
24	元史新编【列传之部】	95	魏源	慎微堂刊本(光绪乙巳,1905)

25	元书【列传之部】	102	曾廉	层漪堂刊本（宣统三年，1911）
26	蒙兀儿史记【列传之部】	160	屠寄	结一宦刊本（民国二十三年，1934）
27	元朝名臣事略	15	苏天爵	《武英殿聚珍版丛书》本（光绪甲午改刻，1894）
28	元儒考略	4	冯从吾	《知服斋丛书》本（光绪十八年，1892）
29	元诗选	28	顾嗣立	清康熙秀野草堂刊本
30	元诗选癸集	10	席世臣	扫叶山房刊本（光绪戊子，1888）
31	元统元年进士录	1		徐氏刊《宋元科举三录》本（民国十二年，1923）
32	元行省丞相平章政事年表	2	吴廷燮	《辽海丛书》本（民国二十三年，1934）
33	元分藩诸王事表	1	黄大华	《二十五史补编》本（开明书店印，民国二十四年，1935）
34	元西域三藩年表	1	同上	同上
35	元史氏族表	3	钱大昕	同上
36	元史译文证补	30	洪钧	元和陆氏刊本（光绪二十三年，1897）

表中数码不相连接的原因,是为了区别辽、金、元三朝传记,1—7为辽,11—17为金,21—36为元,为醒目起见,其总数还是30种。

3.《八十九种明代传记综合引得》

哈佛燕京学社所编引得之一,有1959年中华书局影印本。通过如下列表,可以概略了解有关明史的最基本史料。

八十九种明代传记表

种数	书名	纂辑者	版本
1	明史【列传之部】	张廷玉等	清光绪癸卯（1903）五洲同文书局石印本

2	明史【列传之部】	万斯同	钞本
3	明史稿【列传之部】	王鸿绪	敬慎堂刊《横云山人集》本
4	皇明通纪直解	张嘉和	明刻本
5	国朝献徵录	焦竑	明万历刻本
6	国朝名世类苑	凌迪知	同上
7	今献备遗	项笃寿	同上
8	明名臣言行录	徐开江	清康熙辛酉(1681)刻本
9	皇明名臣琬琰录	徐纮	明刻本
10	皇明名臣言行录	王宗木	明嘉靖刻本
11	国朝名臣言行录	刘廷元	明刻本
12	皇明名臣言行录	沈应魁	明嘉靖三十二年(1553)刻本
13	昭代明良录	童时明	明万历刻本
14	皇明人物考	焦竑	同上
15	皇明应谥名臣备考录	林之盛	明刻本
16	国朝列卿记	雷礼	同上
17	嘉靖以来首辅转	王世贞	《借月山房汇钞》本
18	国朝内阁名臣事略	吴伯与	明崇祯刻本
19	内阁行实	雷礼	明刻本
20	皇明开国功臣录	黄金	明正德刻本
21	兰台法鉴录	何出光等	明万历刻本
22	皇明词林人物考	王兆云	同上
23	明名人传	未群	明稿本
24	明人小传	曹溶	钞本
25	明儒言行录续编	沈佳	《四库全书钞》本
26	崇祯阁臣行略	陈盟	《知服斋丛书》本
27	崇祯五十宰相传	曹溶	国学扶轮社铅印本
28	掾曹名臣录	王凝斋	《续说郛丛书》本

29	明末忠烈纪实	徐秉义	钞本
30	续表忠记	赵吉士	清康熙刻本
31	东林同难录	缪敬持	清叶氏耕学草堂刻本
32	本朝分省人物考	过庭训	明天启刻本
33	皇朝中州人物志	朱睦㮮	明隆庆刻本
34	续吴先贤赞	刘凤	明万历刻本
35	南疆逸史	温瑞临	半松居士活字本
36	南疆逸史摭遗	李瑶	清道光刻本
37	续名贤小记	徐𣿰	《涵芬楼秘笈》本
38	梅花草堂集	张大复	明刻本
39	东林列传	陈鼎	售山山寿堂刻本
40	明诗综	朱彝尊	清康熙刻本
41	小腆纪年	徐鼒	清咸丰辛酉(1861)刻本
42	明史窃	尹守衡	清光绪丙戌(1886)刻本
43	明词综	朱彝尊、王昶	《四部备要》本
44	皇朝名臣言行录	杨廉、徐咸	明嘉靖刻本
45	明良录略	沈士谦	《续说郛丛书》本
46	皇明将略	李同芳	明天启刻本
47	造邦贤勋录略	王祎	《续说郛丛书》本
48	靖难功臣录	未详	《胜朝遗事》本
49	胜朝粤东遗民录	陈伯陶	真逸寄庐刻本
50	甲申后亡臣表	彭孙贻	钞本
51	建文忠节录	张芹	《学海类编》集余本
52	熹朝忠节死臣列传	吴应箕	《荆驼逸史》本
53	前明忠义别传	汪有典	活字本
54	崇祯忠节录	未详	钞本
55	胜朝殉节诸臣录	舒赫德等	清乾隆刻本

56	南都死难纪略	顾苓	《殷礼在斯堂丛书》本
57	明季南都殉难记	屈大均	国学丛书社铅印本
58	天问阁集	李长祥	《仰视千七百二十九鹤斋丛书》本
59	小腆纪传	徐鼒	光绪丁亥(1887)金陵刻本
60	小腆纪传补遗	同上	同上
61	明书	傅维鳞	《畿辅丛书》本
62	明史分稿残编	方象瑛	《振绮堂丛书》本
63	续藏书	李贽	明万历刻本
64	明诗纪事	陈田	光绪己亥(1899)陈氏刻本
65	明画录	徐沁	《读画斋丛书》本
66	逊国记	未详	《续说郛丛书》本
67	沧江野史	同上	同上
68	海上纪闻	同上	同上
69	沂阳日记	同上	《续说郛丛书》本
70	泽山杂记	同上	同上
71	溶溪杂记	同上	同上
72	郊外农谈	同上	同上
73	金石契	祝肇	同上
74	蓄德录	陈沂	同上
75	新倩籍	徐祯卿	同上
76	国宝新编	顾璘	同上
77	启祯野乘二集	邹漪	清康熙四十三年(1704)刻本
78	江人事	章于今	《野史二十一种》本
79	备遗录	张芹	《续说乳丛书》本
80	藩献记	未详	同上
81	彤史拾遗记	毛奇龄	《胜朝遗事》本
82	恩师诸公志略	孙慎行	《荆驼逸史》本

83	明儒学案	黄宗羲	《四部备要》本
84	列朝诗集小传	钱谦益	《清康熙刻》本
85	盛明百家诗	俞宪	明刻本
86	静志居诗话	朱彝尊	扶荔山房刻本
87	烟艇永怀	龚立本	《虞山丛刻》本
88	开国臣传	朱国桢	明刻本
89	逊国诸臣传	同上	同上

4.《三十三种清代传记综合引得》

哈佛燕京学社所编引得之一。有 1959 年中华书局影印本。通过如下列表,可以概略了解有关清史的最基本史料。

三十三种清代传记列表

种数	书名	纂辑者	版本
1	清史稿【列传之部】	赵尔巽等	民国十六年(1927)印行
2	清史列传	中华书局	民国十七年(1928)上海中华书局印
3	国朝耆献类徵(初编)	(湘阴)李桓	湘阴李氏版
4	碑传集	(嘉兴)钱仪吉	光绪十九年(1893)江苏书局校刊
5	续碑传集	(江阴)缪荃孙	同上
6	碑传集补	(江都)闵尔昌	民国二十年(1931)北平燕京大学国学研究所印
7	国朝先正事略	(平江)李元度	上海中华书局《四部备要》本
8	中兴将帅别传	(长州)朱孔彰	同上
9	从政观法录	(海盐)朱方增	光绪十年(1884)映雪庐本
10	大清畿辅先哲传(附烈女传)	(天津)徐世昌	天津徐氏刊本
11	满洲名臣传	未详	菊花书室刻巾箱本

12	汉名臣传	未详	同上
13	国朝汉学师承记	（甘泉）江藩	光绪十二年(1886)万卷书室刻本
14	宋学渊源记		同上
15	颜李师承记	（天津）徐世昌	天津徐氏刊《颜李学》之三
16	清儒学案小识	（善化）唐鉴	光绪十年(1884)黄氏重镌四砭斋原本
17	文献徵存录	（南通）王藻（杭州）钱林	咸丰八年(1858)嘉澍轩本
18	国朝名臣言行录	（元和）王炳	光绪十一年(1885)津河广仁堂刊本
19	清画家诗史	（宁津）李濬之	民国十九年(1930)刊本
20	清代学者象传	（番禺）叶恭绰	民国十七年(1928)叶氏刊本
21	清代闺阁诗人徵略	施淑仪	民国十一年(1922)崇明女子师范讲习所刊本
22	国朝名家诗钞小传	（建安）郑方坤	杞菊轩刊本
23	国朝诗人徵略（初编）	（番禺）张维屏	道光二十三年(1843)序刊本
24	国朝诗人徵略（二编）	同上	同上
25	飞鸿堂印人传	（古歙）汪启淑	《翠琅玕馆丛书》本
26	国朝书画家笔录	（无锡）窦镇	宣统三年(1911)文学山房印
27	国明画识	南汇冯金伯海阳吴晋	道光十一年(1831)增补，云间文苹堂刊本
28	墨香居画识	同上	南汇冯氏家刻本
29	国朝书人辑略	震钧	光绪三十四年(1908)金陵刊本

30	鹤徴录	（嘉兴）李集 李富孙 李遇孙	同治十一年（1872）漾葭老屋本
31	鹤徴后录	（嘉兴）李富孙	同上
32	己未词科录	（无锡）秦瀛	嘉庆十二年（1872）世恩堂本
33	国史列传（又名满汉大臣列传）	未详	东方学会印

5.《唐五代人物传记资料综合索引》

傅璇琮、张忱石等编，中华书局 1982 年出版。是检索唐与五代时期人物传记的重要工具书，可以补充燕京大学引得编纂处各种传记综合引得之不足，也可以下接台湾学者编辑的宋、元、明人的传记资料索引系列。采用了唐、五代人物传记 83 种。其中有正史的本纪、列传、表、艺文志，别史，方志，文集，诗集，书目，书画录著述等，凡是有关于唐、五代人物事迹的著述都在收录之列，共涉及唐、五代人物 3 万人。分字号索引与姓名索引两部分，字号索引之后注出本名，姓名索引之后注出资料出处，包括书名简称，所在卷、册、页数。词目用四角号码法排列，书后附有笔画与四角号码对照表。《唐五代五十二种笔记小说人名索引》，方积六、吴冬秀编编，1992 年中华书局出版。

6.《宋人传记资料索引》

昌彼得、王德毅等编，王德毅增订，1988 年中华书局影印。本索引在燕京大学引得编纂处《四十七种宋代传记综合引得》和日本《宋人传记索引》的基础上增订而成。采用资料 505 种，包括宋人文集 347 种，元人文集 20 种，总集 12 种，史传 90 种，宋元方志 28 种，金石文献 8 种，还有部分单行本年谱等。涉及宋代人物 2.2 万人，比《四十七种宋代传记综合引得》多出一倍以上。按人物姓氏笔画为序排列，依次为人物小传、资料出处，后附《宋人别名字号封谥索引》，是研究宋史的必读工具书。李国玲编有《宋人传记资料索引补编》，1994年四川大学出版社出版，为《宋人传记资料索引》增补资料、小传2万余人，体例依照《宋人传记资料索引》，书后附别名字号索引，可与《宋人传记资料索引》等书相互参考使用。

7.《元人传记资料索引》

王德毅等编，1987年北京中华书局影印。是《宋人传记资料索引》的续编，体例也与之相同，属于中国古代人物传记索引系列书之一，是收录元代人物传记资料较为完备的工具书，涉及宋末（含金末）至明初人物1.6万人，引用资料800多种。

8.《明人传记资料索引》

昌彼得等编，中华书局1997年影印，中国古代人物传记索引系列书之一。采录正史纪、传、笔记等65种，明清人文集528种，包括文集中收录的小传、行状、墓志铭、墓表、神道碑、诰敕、赠序、寿序、题跋、哀诔、铭、祭文等，以及单行本年谱、行状、别传、期刊论文等，可以补充燕京大学引得编纂处《八十九种明代传记综合引得》，也可以相互参考使用，是研究明史的必备工具书，体例与《宋人传记资料索引》等大体相同。

9.《辛亥以来人物传记资料索引》

复旦大学历史系资料室编，上海辞书出版社1990年出版。本索引上承唐、五代、宋、元、明人物传记索引，为中国近现代人物传记资料索引。时间断限为1911年至1949年，涉及人物1.8万个。采录了1900年至1985年间的专著、论文集、报刊、年鉴、索引、百科全书、文史资料等所载传记资料8万多条，包括人物传记、年谱、回忆录、日记等资料。按照人物姓名笔画为序排列，附录有本索引所引资料一览表、本索引未引用的有关参考书目。

10.《宋元方志传记索引》

朱士嘉编，1963年中华书局上海编辑所出版，1986年上海古籍出版社再版。收录33种宋元方志，把其中的人物传记资料编成索引，共收录3,949人。以姓名笔画多少为序编排，姓名之后注明别姓、别名、字、号、别号，引用方志的简称、卷数、页数，对后世索引的编制影响深远。

11. 东北方志人物传记索引

《东北地方志人物传记资料索引（吉林卷）》，吉林省图书馆编，吉林文史出版社1989年出版，为《东北地方文献联合目录》专题书目索引之一，是规模较大的地方志人物传记系列索引。采录吉林省地方志100种，主要词目17,753条，互见词目3,672条。词目包括姓名、时代、民族、别名、字号、封谥、籍贯、生卒及材料出处等。书前有引用书名及略称代号表，后附笔画和四角号码对照表，汉语拼音与四角号码对照表。《东北地方志人物传记资料索引（辽宁卷）》，辽宁省图书馆编，辽宁人民出版社1991年出版，《东北地方文献联合目录》专题书目索引之一。采录辽宁省地方志93种，主条43,155条，互见13,678条。体例与吉林卷相同。《东北地方志人物传记资料索引（黑龙江卷）》，黑龙江省图书馆编，黑龙江人民出版社1989年出版，《东北地方文献联合目录》专题书目索引之一。采录黑龙江省地方志63种，主条10,264条，互见2,285条，体例与吉林卷相同。

12.《中国历代人物图像索引》

瞿冠群、华人德主编，江苏教育出版社1994年出版。收录上古至清末民初历史人物4,353人的图像。包括画像、木刻像、塑像、石刻像、刺绣像以及近代照片等，按人物的生卒年代先后顺序排列。每一人物简要介绍其生卒年、字号、籍贯、身份等。图像注明形态、类型及出处，见于何书、所在卷数、册数、页码等。后附引用书刊表，总计663种，按书名首字笔画顺序排列，注出书名、版本、收藏单位等。

13.《艺文志二十种综合引得》

哈佛燕京学社所编引得之一，1960年中华书局影印本。

本索引除了正史艺文志、经籍志之外，还有补志、禁毁书目、征访书目等。以书名和作者姓名为条目，按中国字庋撷法编排，书前有笔画索引。

艺文志二十种列表

种数	略语	原名	著者	版本	卷数	附录（从略）
1	汉	汉书艺文志	班固	《八史经籍志》本	1	
2	后	后汉书艺文志	姚振宗	《适园丛书》本	4	
3	三	三国艺文志	同上	同上	4	
4	晋	补晋书艺文志	文廷式	长沙铅印本	6	
5	隋	隋书经籍志	长孙无忌等	《八史经籍志》本	4	
6	旧唐	旧唐书经籍志	刘昫等	同上	2	
7	唐	唐书艺文志	欧阳修	同上	4	
8	五	补五代史艺文志	顾櫰三	《广雅丛书》本	4	
9	宋	宋史艺文志	托克托等	《八史经籍志》本	8	
10	宋补	宋史艺文志补	卢文弨	同上	1	
11	辽	补辽金元艺文志	同上	同上	1	
12	补	补三史艺文志	金门诏	同上	1	
13	元	补元史艺文志	钱大昕	同前	4	
14	明	明史艺文志	张廷玉等	同上	4	
15	禁	禁书总目	清姚觐元	抱经堂印本	1	
16	全	全毁书目	同上	同上	1	
17	抽	抽毁书目	同上	同上	1	
18	违	违碍书目	同上	同上	1	
19	目	征访明季遗书目	刘世珩	铅印本	1	
20	清	清史稿艺文志	朱师辙	《清史稿》单行本	4	

14.《古籍版本题记索引》等

罗伟国、胡平编，华东师范大学出版社 2011 年出版。是古今 102 种解题书目（提要书目、藏书志）、题跋、题记汇编、书影的综合索引。包括书名、题记篇名、作者索引,是了解古籍的版本及其流传情况的重要工具。另外,朱家濂 1983 年应中华书局之邀,开始编《古籍题跋索引》,每一书名下注明书名、卷数、版本、藏家、出处(见某书某卷)。所收以单行本专著为限(散见于各家文集的题跋不录),自宋晁公武、陈振孙以下至近代,共计 120 种,数量上要超出罗伟国的《古籍版本题记索引》,先选出 40 种为初编,书末附录书名索引,著者索引,但是未见出版。《古籍宋元刊工姓名索引》,王肇文编,上海古籍出版社 1990 年铅印本。本索引根据 370 种影刊、影印的宋元版善本书,辑录出刻工 4,500 人。分古籍宋元刊工姓名索引和采用书版本简介两部分。前者按照刊工名字的四角号码法编排,后者先按经、史、子、集顺序编排。前者名字后边注出其所刊书名、版本及代码,代码为数字,就是本书后一部分采用书版本简介的排列顺序,通过代码可以查到该书的书名、编著者、版本、版式、刊工、收藏者等,因为后者每一种书都有一个顺序号码。所以,本书前后两部分是互见的,体例比较完备、实用。需要说明的是本索引只收署全名的宋元刊工,署名为单字的不予收录。书中还对刊工所在地区和是否为补版刊工也进行了区分,是研究宋元时期雕版印刷和版本的重要参考。附录资料出处简介和索引字头笔画检字。

15.《食货志十五种综合引得》

哈佛燕京学社所编引得之一,有 1960 年中华书局影印本。

十五种食货志表

种数	略称	书名	纂辑者	版本
1	史	史记	汉司马迁	五洲同文书局石印本《二十四史》(光绪二十九年,1903)
2	汉	汉书	汉班固	同上
3	晋	晋书	唐房玄龄等	同上
4	魏	魏书	北齐魏收	同上
5	隋	隋书	唐魏徵等	同上
6	旧唐	旧唐书	后晋刘昫等	同上

7	新唐	新唐书	宋欧阳修等	同上
8	旧五代	旧五代史	宋薛居正等	同上
9	宋	宋史	元脱脱等	同上
10	辽	辽史	同上	同上
11	金	金史	同上	同上
12	元	元史	明宋濂等	同上
13	新元	新元史	民国柯劭忞	退耕堂重刊本(民国十九年,1930)
14	明	明史	清张廷玉等	五洲同文书局石印本《二十四史》(光绪二十九年,1903)
15	清	清史稿	民国赵尔巽等	民国十六年(1927)铅印本

三、索引丛书

索引丛书还包括引得、通检系列索引丛书。说到系列索引,不能不知道两部重要的索引丛书。一部是《中法汉学研究所通检丛刊》,又名《巴黎大学北平汉学研究所通检丛刊》;一部是《哈佛燕京学社引得暨特刊》。这是两部成书较早的大型索引丛书,按中国字庋撷法编排。前有拼音检字、笔画检字,可以对照使用。这两部索引汇编后来都有影印本。

引得编纂像一阵西风吹来,掀起了一次编索引的高潮,影响到学术界,很多大师参与其中,完成了一系列索引的编纂工作,形成了一批很重要的索引工具书,对后世影响很大。

1.《引得检字表》

陈秉仁编,上海古籍出版社1993年版。本表是配合上海古籍出版社影印的原哈佛燕京学社引得编纂处编印的各种引得而编成的。因为哈佛燕京学社引得编纂处编印的部分引得至今仍然有一定的使用价值,而原编引得采用"中国字庋撷法"编排,而这种方法已不便于使用,所以上海古籍出版社请上海图书馆的陈秉仁编制了这本"引得的引得"。该表包括四角号码检字表和汉语拼音检字表,以四角号码检字法和汉语拼音检字法的字头对应庋撷法字头的号码,可以通过四角号码和汉语拼音检字查找40多种引得的庋撷法字头的号码,便于使用各种引得。所以,本索引可谓是引得的引得。

2.《中法汉学研究所通检丛刊》

又名《巴黎大学北平汉学研究所通检丛刊》。通检即索引。

中法汉学研究所即法国巴黎大学北平汉学研究所编辑,自 1943 年起至 1952 年以前陆续编了 15 种古籍通检。1952 年迁回巴黎后继续编辑,编印者改称巴黎大学汉学研究所,丛书名改为《汉学通检提要文献丛刊》。

《中法汉学研究所通检丛刊》目录

序号	书名	底本
1	《论衡》通检	《四部丛刊》本
2	《吕氏春秋》通检	同上
3	《风俗通义》通检	同上
4	《春秋繁露》通检	抱经堂校定本
5	《淮南子》通检	《四部丛刊》本
6	《潜夫论》通检	同上
7	《新序》通检	同上
8	《申鉴》通检	《四部备要》本
9	《山海经》通检	1881 年进呈本及郝氏《山海经笺疏》
10	《战国策》通检	士礼居仿宋本
11	《大金国志》通检	扫叶山房《四朝别史》本
12	《契丹国志》通检	1923 年陶湘覆元刊本
13	《辍耕录》通检	同上
14	《方言校笺》附通检	同上
15	《文心雕龙新书》附通检	王利器《文心雕龙新书》

3.《哈佛燕京学社引得暨特刊》

哈佛燕京学社引得编纂处编。有台北成文出版社 1966 年影印本,中华书局影印本。民国十九年(1930)时任哈佛燕京学社引得编纂处主任的洪业教授开始主持编制中国古书索引,陆续变成 41 种引得及 23 种引得特刊。是最重要的大型索引系列丛书,也是研究国学的最基本工具,对后世索引学和索引的编纂有很深远的影响。

序号	书名	底本	备考
1	《说苑》引得	《四部丛刊》本	
2	《白虎通》引得	同上	
3	《考古质疑》引得	海山仙馆本	
4	《历代同姓名录》引得	同治五年(1866)海宁陈氏慎初堂藏本	
5	《崔东壁遗书》引得	顾颉刚辑点亚东书局本	
6	《仪礼》引得(附郑注及贾疏引书引得)	《经》《注》据《四部丛刊》本,《疏》据上海锦章书局石印本	
7	《四库全书总目》及《未收书目》引得	1962年大东书局排印本	
8	《全上古三代秦汉三国六朝文》作者引得	光绪二十年(1894)粤东刊本	
9	三十三种清代传记综合引得	1959年中华书局影印重版	
10	艺文志二十种综合引得	1960年中华书局影印重版	
11	佛藏子目引得	日本刊本四种《大藏经》	经名、品名、梵音、撰译者人名
12	《世说新语》引得(附刘注引书引得)	《四部丛刊》本	
13	《容斋随笔五集》综合引得	光绪二十年(1894)皖南洪氏重刊本	
14	《苏氏演义》引得	《榕园丛书》本	
15	《太平广记》篇目及引书引得	乾隆十八年(1753)黄晓峰小字刻本	

16	《新唐书宰相世系表》引得	监本	
17	《水经注》引得	王先谦合校本	
18	《唐诗纪事》著者引得	《四部丛刊》本	
19	《宋诗纪事》著者引得	乾隆十一年(1746)厉氏刊本	
20	《元诗纪事》著者引得	涵芬楼本	
21	清代书画家字号引得	《清代画家诗史》等8种	
22	《刊误》引得	《榕园丛书》本	
23	《太平御览》引得	清鲍氏刊本	
24	八十九种明代传记综合引得	1959年中华书局影印重版	
25	《道藏》子目引得	涵芬楼本	
26	《文选》注书引得	商务印书馆影宋本《六臣注文选》	
27	《礼记》引得	民国十五年(1926)锦章书局本《十三经注疏》	
28	《藏书纪事诗》引得	叶氏自刊本、《灵鹣阁丛书》本	
29	《春秋经传注疏》引书引得	民国十五年(1926)锦章书局本《十三经注疏》	
30	《礼记注疏》引书引得	同上	
31	《毛氏注疏》引书引得	同上	
32	食货志十五种综合引得	1960年中华书局影印重版	
33	《三国志》及裴注综合引得	同文书局本《二十四史》	

34	四十七种宋代传记综合引得	1959 年中华书局影印重版	
35	辽金元三十种传记综合引得	同上	
36	《汉书》及补注综合引得	《汉书》据同文书局本，补注据光绪二十六年(1900)虚受堂校刊本	
37	《周礼》引得（附注疏引书引得）	《四部丛刊》本	
38	《尔雅注疏》引书引得	锦章书局本《十三经注疏》	
39	《全汉三国晋南北朝诗》作者引得	民国五年（1916）丁福保校印本	
40	《史记》及注释综合引得	同文书局本	
41	《后汉书》及注释综合引得	同上	

附：《"引得"特刊》

序号	书名	底本	备注
1	《读史年表》附引得		始汉迄清、附表二十四张
2	《读史然疑》校订附引得	《杭氏七种》本	
3	《明代敕撰书考》附引得	《书考》为李晋华编著	
4	引得说	专论引得之编纂、附引得引书的引得	
5	《勺园图录》附引得	据米万钟所绘《勺园修禊图》	
6	日本期刊三十八种东方学论文篇目引得		
7	《封氏闻见记》引得	据缪氏云轮阁本	

8	清画传辑佚三种附引得	据乾隆抄本《读画辑略》等三种	
9	《毛诗》引得	锦章书局本《十三经注疏》	附标校经文
10	《周易》引得	同上	同上
11	《春秋》经传引得	同上	同上
12	《琬琰集》删存并引得	原本为宋刊《名臣碑传琬琰集》三编一百零七卷	宋杜大珪撰
13	日本期刊一百七十五种东方学论文篇目引得		
14	杜诗引得	明刻《九家集注杜诗》,《补遗》用他本	
15	《六艺之一录》目录附引得	商务印书馆影印《四库全书珍本初集》	
16	《论语》引得	锦章书局本《十三经注疏》	附标校经文
17	《孟子》引得	同上	同上
18	《尔雅》引得	同上	同上
19	《增校清朝进士题名碑录》附引得	自顺治三年(1646)丙戌至同治十年(1871)辛未科止	
20	《庄子》引得	光绪二十一年(1895)刊郭庆藩《庄子集释》本	
21	《墨子》引得	宣统二年(1910)刊孙诒让《墨子间诂》本	
22	《荀子》引得	光绪十七年(1891)刊王先谦《荀子集解》本	
23	《孝经》引得	渭南严氏重刻唐玄宗注宋岳氏本	

4.《大型古籍索引丛书》

是利用计算机编制的全文数据索引,包括《十三经新索引》《史记索引》《汉书索引》《后汉书索引》《三国志索引》等5种。早在民国二十三年(1934),上海开明书店就出版了叶圣陶编的《十三经索引》。《十三经新索引》（修订版）是《大型古籍索引丛书》之一，李波、李晓光、富金壁主编，中国广播电视出版社 2003 年出版。索引以 1979 年 11 月中华书局影印阮刻《十三经注疏》为底本，是《十三经》经书正文的索引。书中经文的字都按《辞源》的部首笔画排列次第，正文中每一个字在《十三经》出现的地方和次数都可以一检即得。每字下都写出经文原句，并注明阮本的页数、栏次和行数。书后附有《十三经》用字字频表、汉语拼音及四角号码检字表，人名、地名、职官等专类名词索引，很便于检索。索引是用计算机完成的，是一种新的尝试。前有部首检字表、拼音检字表、四角号码检字表。正文分单字索引、人名索引、地名索引、职官索引、援引著作索引、其他专有名词索引、校勘记补遗索引、校勘记衍文索引、误漏索引。附录人名检索表、地名检索表、职官检索表、援引著作检索表、其他专有名词检索表、校勘记补遗检索表、校勘记衍文检索表、误漏检索表。字虽小而清晰，但排版过密，功能多而复杂，需反复使用方能得心应手。其他几种索引体例与其相同。

附　录

一、甲子表

1 甲子	2 乙丑	3 丙寅	4 丁卯	5 戊辰	6 己巳	7 庚午	8 辛未	9 壬申	10 癸酉
11 甲戌	12 乙亥	13 丙子	14 丁丑	15 戊寅	16 己卯	17 庚辰	18 辛巳	19 壬午	20 癸未
21 甲申	22 乙酉	23 丙戌	24 丁亥	25 戊子	26 己丑	27 庚寅	28 辛卯	29 壬辰	30 癸巳
31 甲午	32 乙未	33 丙申	34 丁酉	35 戊戌	36 己亥	37 庚子	38 辛丑	39 壬寅	40 癸卯
41 甲辰	42 乙巳	43 丙午	44 丁未	45 戊申	46 己酉	47 庚戌	48 辛亥	49 壬子	50 癸丑
51 甲寅	52 乙卯	53 丙辰	54 丁巳	55 戊午	56 己未	57 庚申	58 辛酉	59 壬戌	60 癸亥

二、太岁纪年表

阅读古书,常常会遇到这样的纪年法,通过干支纪年和太岁纪年对照,便可知道干支,进一步查得公元年份。

《尔雅》写法	阏逢	旃蒙	柔兆	强圉	著雍	屠维	上章	重光	玄黓	昭阳
《史记》写法	焉逢	端蒙	游兆	强梧	徒维	祝犁	商横	昭阳	横艾	尚章
天干	甲	乙	丙	丁	戊	己	庚	辛	壬	癸

太岁	困敦	赤奋若	摄提格	单阏	执徐	大荒落	敦牂	协洽	涒滩	作噩	阉茂	大渊献
地支	子	丑	寅	卯	辰	己	午	未	申	酉	戌	亥

三、《洪武正韵》韵目 76 部

《洪武正韵》76 部列表

平声

东·支·齐·鱼·模·皆·灰·真·寒·删·先·萧·爻·歌·麻·遮·阳·庚·尤·侵·覃·盐

上声

董·纸·荠·语·姥·解·贿·轸·旱·产·铣·篠·巧·哿·马·者·养·梗·有·寝·感·琰

去声

送·置·霁·御·暮·泰·队·震·翰·谏·霰·啸·效·个·祃·蔗·漾·敬·宥·沁·勘·艳

入声

屋·质·曷·辖·屑·药·陌·缉·合·叶

四、《中国图书馆图书分类法》(第五版)简表

《中国图书馆图书分类法》,简称《中图法》。是在科学分类的基础上编制的,很多图书馆的藏书都是按《中图法》分类、编目和排架的,一些工具书也是按学科门类编排的,了解《中图法》便于利用图书馆藏书和检索工具书。

A. 马克思主义、列宁主义、毛泽东思想、邓小平理论

B. 哲学、宗教

C. 社会科学总论

D. 政治、法律

E. 军事

F. 经济

G. 文化、科学、教育、体育

H. 语言、文字

I. 文学

J. 艺术

K. 历史、地理

N. 自然科学总论

O. 数理科学和化学

P. 天文学、地球科学

Q. 生物科学

R. 医药、卫生

S. 农业科学

T. 工业技术

U. 交通运输

V. 航空、航天

X. 环境科学、安全科学

Z. 综合性图书